el verbo

11.100 verbos conjugados

* *auxiliares*
* *irregulares*
* *regulares*
* *defectivos*

BIBLIOGRAFICA INTERNACIONAL

9ª EDICION

- **EL VERBO**

© *FOUNDATION BOOKS S.A.*

Edición especial para:

BIBLIOGRAFICA INTERNACIONAL SA.

Autor:
FLORENCIO VALENZUELA SOTO

- Licenciado en Filosofía y Filología Clásica
  en la Universidad de Chile de Santiago.
  Profesor de Castellano

- Derechos reservados
- I.S.B.N.: 956-7240-13-2
- Coordinación de Producción:
  Mirta Cancino Arellano
- Diseño y Diagramación:
  Manuel de la Maza
- Composición: Versión

- Impreso por:

● printer colombiana s.a.
Impreso en Colombia - Printed in Colombia

Presentación

Esta es una obra de carácter didáctico.

Está concebida considerando las múltiples dificultades que, a menudo, envuelve esta categoría gramatical llamada *verbo* y que, sin duda, es la más amplia y compleja de las tradicionales *partes de la oración*.

No es fácil ni definir ni clasificar ni conjugar los verbos y es por eso que hay tan diferentes criterios y doctrinas entre los más reputados lingüistas y gramáticos.

En esta obra, sin menospreciar la autoridad de don Andrés Bello, de Rodolfo Lenz, de Claudio Rosales, ni de otros especialistas tan eminentes como ellos, hemos adoptado las definiciones, clasificaciones y terminología de la Real Academia Española de la Lengua. Lo hacemos para no introducir confusiones a las personas a las cuales está destinada: comunicadores sociales, estudiantes, profesores, conferenciantes, etc. Esta es, por otra parte, la posición seguida por todos los países de habla hispana.

En este libro hemos dado similar importancia tanto al aspecto teórico como al práctico.

Sobre todo, nos hemos extendido en la parte relativa a la conjugación de los verbos, porque en este aspecto es donde la gente tiene más dudas y vacilaciones.

¿Quién no ha oído, por ejemplo, equivocarse al usar los verbos *soldar, querer, caber, conducir*? Y así escuchamos a diario: Yo *soldo* esta cañería; *quedría* saber más de este asunto; no *cabo* en mi asiento; *conducí* de la mano a mi hijo.

Otras veces, procediendo por analogía, erróneamente, se conjuga un verbo regular como si fuera irregular, v. gr.: *Mezco* suavemente a mi guagua; *remézcala* con todas sus fuerzas, debiendo decirse *mezo* y *remézala*.

También ocurre que se suelen considerar como irregulares a verbos que sólo experimentan cambios en la ortografía, pero no en la pronunciación. Tal es el caso de *tocar, rezar, proteger, vencer*, que son verbos regulares. Se los denomina *aparentemente irregulares*.

Asimismo, hemos puesto mucho énfasis en la dicción desinencial, ya que se dice defectuosa y vulgarmente: *tenís, sabís, querís*; en Argentina, en determinados estratos sociales, escuchamos: *tenés, querés, sabés*.

Finalmente, hemos incorporado numerosos verbos relacionados con las ciencias y tecnologías actuales, que –como sabemos– han experimentado notables avances.

Por último, siempre debemos tener muy presente que la lengua es un organismo vivo que, como tal, asimila (neologismos) y desasimila (arcaísmos) vocablos en función de los cambios que se advierten en cada época histórica.

No nos cabe duda de que este libro será de gran utilidad para quienes está destinado.

Florencio Valenzuela Soto

Definición del verbo

Lo que dificulta la definición es la excesiva complejidad de esta palabra y la gran variedad de formas con que se presenta. En efecto, la mayor parte de los verbos sirve para expresar un concepto: escribir, comer, viajar y, además, un conjunto de circunstancias accesorias, que los gramáticos clásicos llamaban *accidentes verbales* y que los contemporáneos denominan *categorías verbales* de número, persona, tiempo y modo. Algunos verbos, además, llevan implícita la idea de *voz*. Hay otros que no envuelven un sentido conceptual claro y, no obstante, tienen todas las características que distinguen a los otros verbos.

Hay, todavía, un cierto grupo de verbos que, en ocasiones, sirven para expresar conceptos verbales y en otras son palabras vacías, que se acoplan a otras y juntas con ellas denotan conceptos completos y las ideas accesorias que caracterizan a los otros verbos. Son los verbos auxiliares: *haber, ser* y, a veces, *estar.*

En la forma *he estudiado*, el auxiliar *he* hace la función de verbo y *estudiado* es el participio, forma nominal o verboide que denota el concepto.

Los verbos auxiliares no son palabras en el sentido estricto de esta expresión; sólo son inflexiones al lado del verboide con que se construyen.

La complejidad del significado del verbo se advierte, por tanto, en la pluralidad de formas que posee en todas las lenguas flexivas.

Andrés Bello, el célebre gramático y humanista, define el verbo, diciendo:

"Es una palabra que denota el atributo de la proposición, indicando, juntamente, el número y persona del sujeto y el tiempo y modo de dicho atributo".

Siempre Bello sostuvo que las palabras deberían definirse por la función u oficio que desempeñan en la sentencia y no por el significado. Pero aquí ha definido el verbo por su significado.

Además, dice que denota el atributo de la proposición, en vez de decir que denota acción o estado, como dice la Real Academia de la Lengua. En realidad, siguiendo su lógica, Bello debió decir: - *"Verbo es la parte de la oración que hace el oficio de atributo de la proposición".* Para este gramático todo lo que no es sujeto es atributo de la proposición.

Modernamente, se define el verbo de la siguiente manera:

- *"Verbo es la parte variable de la oración de valor conceptual, cuya forma depende de sus relaciones con otra llamada sujeto; de la verificación en el tiempo de esa relación y de la actitud subjetiva de la persona que habla respecto de la realidad de la acción".*

La Real Academia de la Lengua define el verbo en esta forma:

- "VERBO ES LA PARTE DE LA ORACION QUE EXPRESA EXISTENCIA, ESTADO, ACCION O PASION DEL SUJETO, INDICANDO CASI SIEMPRE TIEMPO Y PERSONA".

Verbo viene del latín *verbum,* que significa palabra.

En realidad, el verbo es la palabra por excelencia, pues siempre la necesitamos para exponer nuestros juicios.

El verbo, expreso o tácito, necesariamente debe figurar en la oración y, a veces, basta él solo para tener una oración. Ejemplos: huyamos, vengan, corre, lee... También podemos decir: soy respetado, había comido bastante, leíste el periódico, en que las formas verbales son variantes de las muchas de que constan los verbos, porque, en efecto, el verbo es la parte más variable de la oración

El verbo expresa una gran variedad de fenómenos del sujeto. Ejemplos:

a) Existencia: hablo, escribiste, estudia.

b) Acción: trabajaste, compraré, nado.

c) Pasión: él es estimado, tú eres respetado.

El verbo expresa, casi siempre, la *persona* y el *tiempo,* v.gr.: María cantó en la ópera (3ª persona, pretérito indefinido); tú ibas al parque (2ª persona, pretérito imperfecto); regresaré tarde (1ª persona, futuro imperfecto).

divisiones del verbo

• Estructura • Significado • Conjugación

Verbos según su estructura

De acuerdo con su **estructura**, los verbos pueden ser: *primitivos, derivados, simples, compuestos y parasintéticos.*

Primitivos: cantar, correr, amar, salir, llegar, reír.
Derivados: cabecear, patalear, bracear.
Simples: traer, hacer, poner, partir.
Compuestos: atraer, deshacer, imponer, repartir.
Parasintéticos: deshuesar, acantonar, deletrear, enfundar.

Verbos según su significado

Atendiendo a su **significado**, los verbos se dividen en *copulativos* y *predicativos.*

Verbos **copulativos** son los que sólo sirven de unión o cópula entre el sujeto y el predicado nominal. Ejemplos: el hombre *es* un ser racional; mi amigo *está* enfermo.

Verbos **predicativos** son los que expresan los más variados fenómenos del sujeto: acción, existencia, pasión, estado, etc.

Los verbos predicativos pueden ser: *transitivos - intransitivos - reflexivos o reflejos - pronominales, recíprocos y unipersonales.*

Verbo transitivo es aquel cuya acción recae en persona o cosa distinta del que la ejecuta, que es el sujeto.
Ejemplos:
El alumno estudia la lección.
El artista contempla su pintura.
El campesino trabajaba la tierra.
Ese perro rabioso mordió al niño.

Sujetos:
El alumno,
El artista,
El campesino,
Ese perro rabioso.

Verbos transitivos:
estudia,
contempla,
trabajaba,
mordió.

La palabra, frase u oración que completa el sentido y recibe la acción expresada por el verbo transitivo se llama *complemento directo o acusativo.* Los complementos directos de los ejemplos anteriores, son:
la lección,
su pintura,
la tierra,
al niño.

Verbo intransitivo (del latín in = no + transire = pasar) es aquel cuya acción ejecutada por el sujeto no sale de este sujeto, no pasa a otro ser.
Ejemplos:
El atleta corría velozmente.
Comió en el mercado.
Los empleados hablaron con su jefe.
El león rugía.
Subió al tercer piso

Verbos intransitivos:
corría,
comió,
hablaron,
rugía,
subió.

Complemento indirecto o dativo es la palabra, frase u oración que representa a la persona o personas en quienes recae el provecho o daño de la acción expresada por el verbo.
Ejemplos:
Repartiré limosna a todos los pobres.
Golpeó con la espada al caminante.

Los complementos indirectos son: *A todos los pobres* y *al caminante*.

Complemento circunstancial es la palabra, frase u oración que completa el sentido del verbo, expresando alguna circunstancia de lugar, tiempo, modo, compañía, dirección, causa, etc.
Ejemplos:
El Gobierno destinó al Embajador a París.
Iré a la capital.
Viajaré con todos ustedes.
Salió por esa oficina.

Los complementos circunstanciales son: *a París*, *a la capital*, *con todos ustedes*, *por esa oficina*.

Verbos reflexivos o reflejos son aquellos cuya acción recae sobre el mismo sujeto que la produce, representado por un pronombre personal con el cual se conjuga.
Ejemplos:
Yo me lavo; tú te peinas; él se arrepiente; ella se quejaba.

Estos verbos son **pronominales** propiamente tales, pues no se pueden conjugar de otro modo. No se puede decir: yo arrepiento, tú quejas, etc.

Verbos recíprocos son los que expresan acciones verificadas entre dos o más sujetos, que se corresponden mutuamente.
Estos verbos se conjugan en plural con los pronombres *me*, *os*, *se*.
Ejemplos:
María y Luisa se escriben frecuentemente.
Mis compañeros y yo nos comprendemos.
Los leones se miraban los músculos.
Los boxeadores se estudian.
Vosotros os visitáis frecuentemente.

Verbos unipersonales son los que expresan fenómenos naturales, como *llover, nevar, tronar, relampaguear, granizar, amanecer, anochecer*, etc.
En estos casos, es muy difícil personificar un sujeto agente distinto de la acción misma del verbo.
Son verbos *unipersonales naturales* o *propios*, que sólo se conjugan en tercera persona de singular.

11

Cuando están empleados en acepción figurada, pierden estos verbos su sentido impersonal.
Ejemplos:
Su boca *llovía* mentiras;
Amanecí feliz;
Anochecimos cerca del pueblo.

Por otra parte, todos los verbos transitivos e intransitivos pueden usarse impersonalmente, cuando se desconoce el sujeto, por callarse intencionadamente o por carecer de interés.
Ejempos.:
Llaman a la puerta;
Me *regalaron* este anillo;
No me *dejan* entrar.

Los verbos *haber, hacer* y *ser* adoptan construcciones de tipo impersonal cuando denotan transcurso de tiempo o existencia de alguna cosa.
Ejemplos:
Hubo fiestas;
No *hay* nadie;
Hay malas noticias;
Hace calor;
Hace mucho frío;
Es tarde;
Es temprano todavía.

Usados en estos sentidos, se les llama a estos verbos *unipersonales impropios*; no tienen sujeto y sólo se usan en la tercera persona del singular.

Hemos dicho que el verbo es el elemento principal de la oración gramatical.

Oración gramatical es la palabra o conjunto de palabras que forman sentido completo.

Generalmente, la oración consta de *sujeto* y *predicado*.

Sujeto es la palabra o reunión de palabras que se refieren a personas, animales, cosas o fenómenos de los cuales se dice algo en el predicado.

Predicado es lo que se dice del sujeto.

El **predicado** puede ser *verbal* o *nominal* según sea la palabra principal un verbo atributivo o un substantivo o adjetivo.

Ejemplos:

Las mariposas brillan al sol.

Sujeto: *Las mariposas.*

Verbo atributivo: *brillan.*

Predicado verbal: *brillan al sol.*

Mi hermano es abogado.

Sujeto: *Mi hermano.*

Cópula: *es*

Predicado nominal: *abogado.*

Conjugación de los verbos

Conjugación es la serie ordenada de las distintas formas que puede tomar el verbo, cambiando de desinencias.

También se llama conjugación al conjunto de verbos que toman las mismas inflexiones para expresar las ideas de persona, número, tiempo y modo.

En la desinencia se expresan los accidentes o categorías verbales de *persona*, *número*, *tiempo* y *modo.*

El verbo es la única palabra que se conjuga, esto es, presenta la particularidad de poseer un número extraordinario de formas, que pueden ordenarse en diferentes categorías, de acuerdo con las significaciones accidentales que en ellas aparecen.

Voces

La **voz** es la categoría que denota si la significación del verbo es producida o recibida por la persona gramatical a quien aquél se refiere.

En el primer caso se llama **Voz activa**. Ejemplo: yo amo; tú observas; él vigila. En el segundo caso, **voz pasiva**. Ejemplos: yo soy amado; tú eres observado; él es vigilado. En estos casos, el sujeto recibe la acción expresada por el verbo.

Modos

Son las distintas maneras generales de expresar la significación del verbo. El **modo** cambia según la actitud subjetiva del hablante.

Los modos son cinco: *infinitivo, indicativo, subjuntivo, potencial* e *imperativo.*

Significado de los modos

El **modo infinitivo** denota el significado del verbo en abstracto, sin expresar tiempo, número ni persona, y comprende los llamados *nombres verbales*, que son: *infinitivo*, propiamente dicho, que expresa la idea o concepto del verbo. Ejemplo: amar; el *participio*, que denota la acción como adjetivo: amante, amado; y el *gerundio*, como adverbio: amando.

El **infinitivo** termina en *ar*, *er* o *ir*, terminaciones que corresponden a los tres sistemas de conjugaciones que existen en castellano y que se designan con los nombres de *primera*, *segunda* y *tercera*, respectivamente.

Se toma como base el infinitivo del verbo, porque esta forma sintetiza todas las propiedades que individualizan estos tres sistemas flexionales.

La primera y segunda conjugaciones se llaman vivas, porque se están incrementando diariamente con verbos nuevos; en cambio, la tercera, se llama muerta, porque carece de esta particularidad.

El **participio** se divide en *activo* y *pasivo*; el activo termina en *ante*, *ente* o *iente*, según pertenezca a verbos de la primera, segunda o tercera conjugación, como *amante*, *absorbente* de absorber y *crujiente* de crujir.

El *participio pasivo*, cuando es regular, termina en *ado*, en los verbos de la primera conjugación, como *amado* de amar y en *ido* en los de la segunda y tercera conjugaciones, *temido* y *partido* de temer y partir.

El **gerundio** termina en *ando* o en *iendo*, según pertenezca a verbos de la primera, *amando* o de la segunda y tercera conjugaciones, *teniendo* y *partiendo*, respectivamente.

El **modo indicativo** expresa de una manera absoluta e independiente un hecho real y objetivo; v.gr.: Yo camino bastante; Juan es muy feliz; iremos al cine.

El **modo subjuntivo** expresa la acción como subordinada a otro verbo, que denota deseo, temor o duda; v.gr.: quiero que *estudies* más; temo que *vuelva* el ladrón; espero que *cumplas* tus promesas.

El **modo potencial** indica la acción no como real, sino como posible; v.gr.: *llegaría* esta noche; *partiría* al amanecer; *saldría* a primera hora.

El **modo imperativo** denota mandato o ruego; v.gr.: *ven* acá rápido; *protégenos*, Señor; *sal* inmediatamente.

Tiempos verbales

Los tiempos verbales denotan la época o momento en que se hace o sucede lo que el verbo significa.

Por su naturaleza y significación se dividen en dos series: una, la que comprende los tiempos simples y otra, los compuestos.

Unos y otros denotan lo expresado por el verbo como presente, pasado o futuro, con relación al momento en que se habla.

El *modo indicativo* tiene cuatro tiempos simples y cuatro compuestos. Los simples son: presente, pretérito imperfecto, pretérito indefinido y futuro imperfecto. Los compuestos son: pretérito perfecto, pretérito pluscuamperfecto y futuro perfecto.

El *modo subjuntivo* tiene seis tiempos, tres simples y tres compuestos. Son simples: presente, pretérito imperfecto y futuro imperfecto. Los compuestos son: pretérito perfecto, pretérito pluscuamperfecto y futuro perfecto.

El *modo potencial* tiene dos tiempos: potencial simple y potencial compuesto.

El *modo imperativo* sólo tiene un tiempo: presente.

Comúnmente, los verbos tienen sesenta y dos formas simples y cincuenta y seis compuestas.

Radical y desinencia

Todas las formas de los tiempos simples del verbo están constituídas por dos elementos de distinto valor ideológico: uno que expresa la significación general del verbo en abstracto, y otro que denota la persona gramatical a que ha de atribuirse dicho significado, el número, el tiempo y el modo en que se le atribuye.

Así, al decir *amaron*, significamos que la idea general de amor, que se encuentra en *am*, se ha de atribuir a *ellos*, número plural, tercera persona, en tiempo pasado y de un modo real y objetivo.

El elemento que denota la idea general del verbo se llama *radical* y el que expresa persona, número, tiempo y modo, *desinencia*.

En los tiempos simples, se distinguen dos radicales: una formada por las letras que preceden a las terminaciones *ar*, *er*, *ir* del infinitivo: *am*, *tem*, *part* y otra formada por el infinitivo total.

La primera se llama *raíz o radical general* y de ella se derivan todos los presentes y pretéritos imperfectos, el pretérito indefinido, el futuro imperfecto de subjuntivo, el infinitivo, el gerundio y los participios.

La segunda se llama *raíz o radical especial* y de ella se forman el futuro imperfecto de indicativo y el potencial simple.

Números y personas

Las formas verbales simples de cada tiempo se ordenan en dos series, que corresponden a los números singular y plural, y en cada una de ellas se colocan, en primer lugar, las formas que se refieren a los pronombres *yo* o *nosotros* que, por eso, se llaman de primera persona; siguen a éstas las que se refieren a *tú* o *vosotros*, llamadas de segunda persona y, vienen, por último, las correspondientes a *él*, *ella* o un nombre cualquiera en singular, y a *ellos*, *ellas* o un nombre en plural. Son de tercera persona.

significado de los tiempos verbales

Fundamental · Secundario · Metafórico

Significado fundamental de las formas verbales es el que corresponde con propiedad a cada una de las formas del verbo.

El primer significado de una forma verbal cualquiera es el que a primera vista se concibe: el recto, lógico y natural. Según esto, una forma verbal en presente, como *cantáis*, significa que la acción cantar coexiste o coincide con el momento en que se dice *cantáis*, es decir, que ambas cosas tienen lugar al mismo tiempo, que en este caso tiene que ser, por fuerza, el presente. A este primitivo significado lo llamamos *fundamental*.

Pero, si el presente ya no significa presente, ni el futuro, futuro, sino otros tiempos distintos, esos nuevos significados serán *secundarios* unas veces y *metafóricos* otras.

Significado fundamental

El **presente** de indicativo expresa la acción no terminada y más o menos duradera, que se realiza en el momento en que uno habla, o lo que dura siempre; v.gr.: *escribo* a mis padres; *hace* sol; Dios *es* eterno.

El **pretérito perfecto** de indicativo es el presente de la acción terminada, y lo usamos para expresar un *hecho que se acaba de verificar* en el momento en que hablamos; v.gr.: *he dicho*; o *en una época indeterminada o no completamente pasada*; v.gr.: *He visitado a Roma*; este invierno *ha llovido* mucho.

El **pretérito imperfecto** de indicativo es el pasado de la acción no terminada, y denota acción pasada simultánea con otra también pasada; v.gr.: *Dormía* cuando llamaron a la puerta; *hablábamos* mientras comíamos.

El **pretérito pluscuamperfecto** de indicativo es el pretérito imperfecto de la acción terminada, y expresa una acción que se realizó antes que otra también pasada; v.gr.: *Habíamos concluído* de estudiar cuando llegaron los convidados.

El **pretérito indefinido** denota una acción que se realizó en tiempo *indefinidamente anterior* al momento en que se habla, sin precisar si está o no terminada; v.gr.: *Estuve* en Roma antes que tú; ayer *fui* a cazar.

El **pretérito anterior** es el pretérito indefinido de la acción acabada, y denota una acción que se realizó *inmediatamente* antes de otra también pasada; v.gr.: Luego que *hube concluído*, salí a paseo.

Este tiempo solamente suele usarse después de las locuciones luego que, así que, después que, en seguida que, no bien, apenas, tan pronto como, etc.

El **futuro imperfecto** de indicativo señala la acción como no acabada, y expresa que ésta se realizará en tiempo posterior al momento en que se enuncia; v.gr.: Mañana a las nueve me *embarcaré*; esta tarde *lloverá*; la guerra *cesará*.

El **futuro perfecto** de indicativo es el futuro de la acción terminada, y expresa una acción que se realizará antes que otra también venidera; v.gr.: Antes que vuelvas ya *habrán concluído* las obras; ya *habré escrito* la mitad cuando llegue mi padre.

El **potencial simple** o **imperfecto**, denota la acción como no terminada, y expresa la posibilidad de un hecho, ya en el momento en que se habla, ya antes, ya después; v.gr.: *Tendría* entonces unos treinta años; tú nada *sacarías* con engañarme.

El **potencial compuesto** o **perfecto**, enuncia la acción como terminada, y expresa la posibilidad de una acción en tiempo pasado, pero subordinada a otra; v. gr.: *Habría leído* el libro, si me lo hubieses enviado.

El **imperativo** denota una acción presente en cuanto al mandato o ruego, y futura en cuanto a la ejecución: *Ama* a Dios; *id* mañana al campo.

El **presente de subjuntivo** expresa un deseo presente y a veces futuro; v. gr.: Deseo que *venga* Luis; quiero o querrán que *parta* cuanto antes.

El **pretérito perfecto de subjuntivo** expresa un hecho ya concluído y subordinado a tiempo presente o futuro; v. gr.: No creo que *haya venido* Luis; iremos cuando yo *haya leído*.

El **pretérito imperfecto de subjuntivo** encierra idea de futuro y se subordina a cualquier tiempo pretérito; v. gr.:

No creí que

llegara o *llegase* Luis

No creía que

El **pretérito pluscuamperfecto de subjuntivo** expresa un hecho ya concluído y subordinado a otro también pasado; v. gr.: Convenía que *hubiera* o *hubiese llegado* Luis.

El **futuro imperfecto de subjuntivo** enuncia un hecho no acabado, y siempre posible, referido ya al presente, ya al futuro; v. gr.: Si así lo *hiciereis* Dios os lo premie. Si *jurare* que me los ha devuelto, yo se los perdono o se los perdonaré.

El **futuro perfecto de subjuntivo**, menos usado que el anterior, denota el hecho como acabado; v. gr.: Si para fin de año no *hubiere pagado*, le apremias, o aprémiale, o le apremiarás.

La diferencia que existe en la significación de los tiempos simples y la de los compuestos, consiste en que éstos denotan la significación del verbo como terminada y cumplida y los simples no.

Empleo traslaticio de los tiempos del verbo.

Decimos que una forma verbal tiene sentido traslaticio cuando está empleada fuera de su recto sentido.

Ya hemos visto que el sentido recto de una forma verbal es el *fundamental*. En este caso cada tiempo expresa lo que significa su nombre.

En el sentido traslaticio se presentan dos casos: el *significado secundario* y el *significado metafórico*.

Significado secundario

Significado secundario es el que tienen algunas formas verbales, distinto del sentido recto que les corresponde.

Sucede esto cuando un verbo dominante comunica a una forma verbal parte de su valor temporal, produciendo en ella una alteración que la hace cambiar su propio tiempo para tomar el del verbo dominante; por lo tanto, este significado sólo se da en oraciones en que el verbo de la principal atrae al de la subordinada. Así, en *Escríbeme cuando llegues* (sentido recto), el verbo de la principal *escríbeme* puede comunicar parte de su valor temporal a la forma hipotética *llegues*; en tal caso, ésta pierde su significado recto de subjuntivo hipotético y toma el secundario de presente de indicativo: Si llegas, *escríbeme*; pero ambas formas "cuando llegues" y "si llegas" encierran la idea de futuro.

Las únicas formas verbales que admiten sentido secundario son el *presente* y el *pretérito imperfecto* de indicativo. Tienen dicho sentido en los dos casos siguientes:

1er Caso: Cuando prestan sus formas al subjuntivo hipotético precedido del condicional *si*. En este caso el presente pasa a futuro.

Si le *escribes*, dale recuerdos. La forma *escribes* está en vez del subjuntivo hipotético *cuando escribas*, y lleva, como ésta, la idea de futuro.

El pretérito imperfecto de indicativo pasa a potencial.

Les dije que si *venían* a nuestra casa, serían bien recibidos.

Venían está puesto en vez del hipotético *cuando viniesen*, y lleva idea de potencial, porque se supone el hecho de venir después de un pretérito (*les dije*).

2º Caso: Esos mismos tiempos tienen sentido secundario en oraciones subordinadas con verbos que denotan percepción o creencia.

El presente pasa a futuro: Cuando veas que *delira*, avísame. *Delira* indica percepción y equivale a *delirará*.

El pretérito imperfecto pasa a potencial simple: Me dijo que cuando viese que *llegaban*, huyese. *Llegaban* equivale a *llegarían*.

El pretérito perfecto pasa a futuro perfecto: Cuando veas que *hemos perdido* el juego, no te lamentes en balde. *Hemos perdido* equivale a *habremos perdido*.

El pluscuamperfecto pasa a potencial compuesto: Díjome que cuando me enterase de si acaso *habíamos ganado* la partida, no lo comunicase a nadie. *Habíamos ganado* equivale a *habríamos ganado*.

Sentido metafórico

Una forma verbal está tomada en sentido metafórico cuando la referimos a un tiempo distinto del que expresa su sentido recto y literal.

Formación de los tiempos metafóricos o traslaticios.

Todos los tiempos del indicativo y el pretérito de subjuntivo se pueden emplear en sentido traslaticio. Veámoslo con ejemplos:

El *presente de indicativo* se usa en vez de los dos *pretéritos simples* para dar vigor y más vida a lo pasado, como sucede en las narraciones.

Quítase David la armadura que tanto le *estorba* y *corre.* En vez de: *Quitóse* David la armadura que tanto le *estorbaba* y *corrió.*

Al emplear el presente se aproxima el hecho a nosotros y recobra tal vida, que parece lo estamos presenciando. Se le llama **presente histórico.**

El *presente* significa *futuro* cuando queremos dar a entender con él un hecho venidero que se ha de realizar sin falta.

La función *principia* a las tres. Mañana *salgo* para Bogotá.

En sentido natural diríamos: *principiará... saldré.*

El *pretérito indefinido* se usa en vez del *presente* cuando queremos negar implícitamente una cosa presente:

Sentido metafórico: Aquí *fue* Troya.

Sentido natural: Aquí *ya no está* la ciudad de Troya.

El *futuro* se usa en vez del *presente* para indicar una probabilidad.

Sentido metaf.: ese niño *tendrá* diez años.

Sentido natural: Ese niño *tiene* probablemente diez años.

El *futuro* se usa en vez del *potencial* para animar una narración.

Sentido metaf.: Antes de su muerte, Jesús *profetizará* su resurrección

Sentido natural: Antes de su muerte, Jesús *profetizaría* su resurrección.

El *pretérito imperfecto* se usa en vez del *potencial* para acentuar la firmeza de una afirmación·

Sentido metaf.: Juan dijo que, a pesar de todo, se *embarcaba.*

Sentido natural: Juan dijo que,... se *embarcaría* sin falta.

El *potencial* se usa por el *pretérito imperfecto* para expresar probabilidad.

Sentido metaf.: *Tendría* Pedro al morir unos treinta años.

Sentido natural: *Tenía* (probablemente) Pedro al morir...

El *potencial* se usa por el *presente* para expresar negación implícita.

Sentido metaf.: Yo *sería* generoso si me sobrara dinero.

Sentido natural: No *soy* generoso, porque no me sobra dinero.

El *pretérito imperfecto de subjuntivo* tiene significado metafórico cuando se usa en vez del *presente* para significar negación implícita:

Sentido metaf.: Si *tuviese* buena vista, te escribiría.

Sentido natural: No te escribo, porque no *tengo* buena vista.

Véanse otros casos de sentido traslaticio:

El *pretérito imperfecto de subjuntivo* se usa en vez del *pret. indefinido* y del *pret. pluscuamperfecto*:

¡Cuán solitaria la nación que un día *poblara* inmensa gente!

El *futuro imperfecto de ind.* y el *infinitivo*, usados en sentido metafórico, tienen valor de imperativo:

Honrarás padre y madre. No *matarás* (Por: *Honra...* No *mates*).

Me *traerás* sin falta al niño (Por: *Tráeme* sin falta...)

Cuidado, niños, no *correr*. No *mentir*. (Por: No *corráis*. No *mintáis*).

A *correr*, compañeros. El primero, *amar* a Dios. (Por: *Corramos. Amad...*)

Nótese la forma metafórica de la siguiente frase, que empleamos cuando, por el respeto que nos merece una persona, no queremos negar rotundamente lo que dice:

Yo *diría* (o *habría dicho*) que eso no puede ser así, porque...

En vez de *digo* que eso no puede ser así.

Nosotros *queríamos* decirle... por *queremos*...

clasificaciones de los verbos

• Auxiliares • Regulares • Irregulares • Defectivos

Los verbos auxiliares

Verbos auxiliares son los que ayudan a la formación de los tiempos compuestos. Los más importantes son "*haber*" y "*ser*".

En oposición a los verbos conceptuales, que expresan conceptos esenciales, los auxiliares denotan ideas accesorias o complementarias de los verbos conceptuales. A éstos llama la gramática moderna *semantemas* y a los auxiliares, *morfemas*.

Con el verbo *ser* se suple la voz pasiva de los verbos transitivos, que no la tienen en castellano.

Además de estos dos verbos pueden hacer la función de auxiliares verbos como *tener*, *deber*, *ir*. Ejemplos: tengo que salir; tendrás que conformarte; debía de pensarlo mejor; iré a esperarlo; le iba a escribir.

Los verbos auxiliares son palabras degradadas, esto es, palabras que han venido a menos y se han acoplado a otras para darles a éstas el carácter de verbos.

Esto que ocurre en la época histórica de la lengua viene a explicarnos el problema que encierran las inflexiones verbales. Es muy probable que ellas hayan sido también, en tiempos lejanos, palabras que expresaban conceptos de unidad, pluralidad, presente, pretérito o futuro, duda, probabilidad o certeza, significados que más tarde se desvanecieron y pasaron a ser simples inflexiones o morfemas.

Algunos verbos auxiliares conservan todavía su valor conceptual. El ejemplo más importante de esta clase es "*haber*" cuando se usa como unipersonal y cuando se identifica con el verbo *tener*.

La conjugación de "haber" conceptual es distinta de la de "haber" auxiliar. En el primer caso, aparece la forma "hay" frente a la forma "ha".

También tiene valor auxiliar cuando se construye con infinitivo precedido de preposición. Ejemplos: he de cantar sus quejas; había de llegar temprano.

Más obscura es la significación del verbo "*ser*".

Desde luego tiene carácter auxiliar cuando sirve para formar la voz pasiva: soy amado, eres amado; es amado. Pero también puede considerarse en estos mismos ejemplos como un verbo copulativo, en que el participio funciona como predicado nominal. En este caso, ya no es verbo auxiliar, sino pronominal.

Actualmente, la construcción pasiva con el verbo "*ser*" se substituye por la pasiva refleja.

EL VERBO HABER

Es el principal entre los auxiliares y, además, reúne caracteres de transitivo y de unipersonal. Auxiliar es cuando ayuda a la conjugación de otros verbos y a la suya propia.

Conjugación del verbo HABER como auxiliar

MODO INFINITIVO

Infinitivo simple	:	haber
Gerundio simple	:	habiendo

MODO INDICATIVO
Tiempo Presente

NUMERO SINGULAR	NUMERO PLURAL
1ª persona Yo he	1ª persona Nosotros hemos o habemos
2ª persona Tú has	2ª persona Vosotros habéis
3ª persona El ha	3ª persona Ellos han

Tiempo Pretérito imperfecto

NUMERO SINGULAR	NUMERO PLURAL
1ª persona Yo había	1ª persona Nosotros habíamos
2ª persona Tú habías	2ª persona Vosotros habíais
3ª persona El había	3ª persona Ellos habían

Tiempo Pretérito indefinido

NUMERO SINGULAR	NUMERO PLURAL
1ª persona Yo hube	1ª persona Nosotros hubimos

2ª persona Tú hubiste
3ª persona El hubo

2ª persona Vosotros hubisteis
3ª persona Ellos hubieron

Tiempo Futuro imperfecto

NUMERO SINGULAR

1ª persona Yo habré
2ª persona Tú habrás
3ª persona El habrá

NUMERO PLURAL

1ª persona Nosotros habremos
2ª persona Vosotros habréis
3ª persona Ellos habrán

MODO POTENCIAL
Tiempo Simple o imperfecto

NUMERO SINGULAR

1ª persona Yo habría
2ª persona Tú habrías
3ª persona El habría

NUMERO PLURAL

1ª persona Nosotros habríamos
2ª persona Vosotros habríais
3ª persona Ellos habrían

MODO SUBJUNTIVO
Tiempo Presente

would

NUMERO SINGULAR

1ª persona Yo haya
2ª persona Tú hayas
3ª persona El haya

NUMERO PLURAL

1ª persona Nosotros hayamos
2ª persona Vosotros hayáis
3ª persona Ellos hayan

would have   **Tiempo Pretérito imperfecto**

NUMERO SINGULAR

1ª persona Yo hubiera o hubiese

2ª persona Tú hubieras o hubieses

3ª persona El hubiera o hubiese

NUMERO PLURAL

1ª persona Nosotros hubiéramos o hubiésemos
2ª persona Vosotros hubierais o hubieseis
3ª persona Ellos hubieran o hubiesen

?   **Tiempo Futuro imperfecto**

NUMERO SINGULAR

1ª persona Yo hubiere
2ª persona Tú hubieres
3ª persona El hubiere

NUMERO PLURAL

1ª persona Nosotros hubiéremos
2ª persona Vosotros hubiereis
3ª persona Ellos hubieren

Conjugación del verbo HABER como transitivo

MODO INFINITIVO

Formas simples		Formas compuestas	
Infinitivo	haber	Infinitivo	haber habido
Gerundio	habiendo	Gerundio	habiendo habido
Participio	habido		

MODO INDICATIVO

	Presente		Pretérito perfecto
Yo	he	Yo	he habido
Tú	has	Tú	has habido
El	ha o hay	El	ha habido
Nosotros	hemos o habemos	Nosotros	hemos habido
Vosotros	habéis	Vosotros	habéis habido
Ellos	han	Ellos	han habido

	Pretérito imperfecto		Pretérito pluscuamperfecto
Yo	había	Yo	había habido
Tú	habías	Tú	habías habido
El	había	El	había habido
Nosotros	habíamos	Nosotros	habíamos habido
Vosotros	habíais	Vosotros	habíais habido
Ellos	habían	Ellos	habían habido

	Pretérito indefinido		Pretérito anterior
Yo	hube	Yo	hube habido
Tú	hubiste	Tú	hubiste habido
El	hubo	El	hubo habido
Nosotros	hubimos	Nosotros	hubimos habido
Vosotros	hubisteis	Vosotros	hubisteis habido
Ellos	hubieron	Ellos	hubieron habido

	Futuro imperfecto		Futuro perfecto
Yo	habré	Yo	habré habido
Tú	habrás	Tú	habrás habido
El	habrá	El	habrá habido
Nosotros	habremos	Nosotros	habremos habido
Vosotros	habréis	Vosotros	habréis habido
Ellos	habrán	Ellos	habrán habido

MODO POTENCIAL

	Simple o imperfecto		Compuesto o perfecto
Yo	habría	Yo	habría habido
Tú	habrías	Tú	habrías habido
El	habría	El	habría habido
Nosotros	habríamos	Nosotros	habríamos habido
Vosotros	habríais	Vosotros	habríais habido
Ellos	habrían	Ellos	habrían habido

MODO SUBJUNTIVO

	Presente		Pretérito perfecto
Yo	haya	Yo	haya habido
Tú	hayas	Tú	hayas habido
El	haya	El	haya habido
Nosotros	hayamos	Nosotros	hayamos habido
Vosotros	hayáis	Vosotros	hayáis habido
Ellos	hayan	Ellos	hayan habido

	Pretérito imperfecto		Pretérito pluscuamperfecto
Yo	hubiera o hubiese	Yo	hubiera o hubiese habido
Tú	hubieras o hubieses	Tú	hubieras o hubieses habido
El	hubiera o hubiese	El	hubiera o hubiese habido
Nos.	hubiéramos o hubiésemos	Nos.	hubiéramos o hubiésemos habido
Vos.	hubierais o hubieseis	Vos.	hubierais o hubieseis habido
Ellos	hubieran o hubiesen	Ellos	hubieran o hubiesen habido

	Futuro imperfecto		Futuro perfecto
Yo	hubiere	Yo	hubiere habido
Tú	hubieres	Tú	hubieres habido
El	hubiere	El	hubiere habido
Nosotros	hubiéremos	Nosotros	hubiéremos habido
Vosotros	hubiereis	Vosotros	hubiereis habido
Ellos	hubieren	Ellos	hubieren habido

MODO IMPERATIVO
Presente

He tú

Haya él

Hayamos nosotros

Habed vosotros

Hayan ellos

Conjugación del verbo SER como auxiliar

MODO INFINITIVO

	Formas simples			**Formas compuestas**
Infinitivo	ser		Infinitivo	haber sido
Gerundio	siendo		Gerundio	habiendo sido
Participio	sido			

MODO INDICATIVO

	Presente			**Pretérito perfecto**
Yo	soy		Yo	he sido
Tú	eres		Tú	has sido
El	es		El	ha sido
Nosotros	somos		Nosotros	hemos sido
Vosotros	sois		Vosotros	habéis sido
Ellos	son		Ellos	han sido

	Pretérito imperfecto			**Pretérito pluscuamperfecto**
Yo	era		Yo	había sido
Tú	eras		Tú	habías sido
El	era		El	había sido
Nosotros	éramos		Nosotros	habíamos sido
Vosotros	erais		Vosotros	habíais sido
Ellos	eran		Ellos	habían sido

	Préterio indefinido			**Pretérito anterior**
Yo	fui		Yo	hube sido
Tú	fuiste		Tú	hubiste sido
El	fue		El	hubo sido
Nosotros	fuimos		Nosotros	hubimos sido
Vosotros	fuisteis		Vosotros	hubisteis sido
Ellos	fueron		Ellos	hubieron sido

	Futuro imperfecto			**Futuro perfecto**
Yo	seré		Yo	habré sido
Tú	serás		Tú	habrás sido
El	será		El	habrá sido
Nosotros	seremos		Nosotros	habremos sido
Vosotros	seréis		Vosotros	habréis sido
Ellos	serán		Ellos	habrán sido

MODO POTENCIAL

could be   *could have been?*

Simple o imperfecto

Yo	sería
Tú	serías
El	sería
Nosotros	seríamos
Vosotros	seríais
Ellos	serían

Compuesto o pefecto

Yo	habría sido
Tú	habrías sido
El	habría sido
Nosotros	habríamos sido
Vosotros	habríais sido
Ellos	habrían sido

MODO SUBJUNTIVO

Presente

Yo	sea
Tú	seas
El	sea
Nosotros	seamos
Vosotros	seáis
Ellos	sean

Pretérito perfecto

Yo	haya sido
Tú	hayas sido
El	haya sido
Nosotros	hayamos sido
Vosotros	hayáis sido
Ellos	hayan sido

Pretérito imperfecto

Yo	fuera o fuese
Tú	fueras o fueses
El	fuera o fuese
Nos.	fuéramos o fuésemos
Vos.	fuerais o fueseis
Ellos	fueran o fuesen

Pretérito pluscuamperfecto

Yo	hubiera o hubiese sido
Tú	hubieras o hubieses sido
El	hubiera o hubiese sido
Nos.	hubiéramos o hubiésemos sido
Vos.	hubierais o hubieseis sido
Ellos	hubieran o hubiesen sido

Futuro imperfecto

Yo	fuere
Tú	fueres
El	fuere
Nosotros	fuéremos
Vosotros	fuereis
Ellos	fueren

Futuro perfecto

Yo	hubiere sido
Tú	hubieres sido
El	hubiere sido
Nosotros	hubiéremos sido
Vosotros	hubiereis sido
Ellos	hubieren sido

MODO IMPERATIVO

Presente

Sé tú	Seamos nosotros
Sea él	Sed vosotros
	Sean ellos

Los verbos regulares

Son éstos los que en su conjugación siguen una regla general, uniforme y constante, conservando íntegra su radical en la formación de todos los tiempos, y tomando en cada cual de ellos las desinencias que le son peculiares y propias.

Ejemplo de la primera conjugación

AMAR

MODO INFINITIVO

Formas simples		Formas compuestas	
Infinitivo	am-ar	Infinitivo	haber amado
Gerundio	am-ando	Gerundio	habiendo amado
Participio	am-ado		

MODO INDICATIVO

	Presente		Pretérito perfecto
Yo	am-o	Yo	he amado
Tú	am-as	Tú	has amado
El	am-a	El	ha amado
Nosotros	am-amos	Nosotros	hemos amado
Vosotros	am-áis	Vosotros	habéis amado
Ellos	am-an	Ellos	han amado

	Pretérito imperfecto		Pretérito pluscumperfecto
Yo	am-aba	Yo	había amado
Tú	am-abas	Tú	habías amado
El	am-aba	El	había amado
Nosotros	am-ábamos	Nosotros	habíamos amado
Vosotros	am-abais	Vosotros	habíais amado
Ellos	am-aban	Ellos	habían amado

	Pretérito indefinido		Pretérito anterior
Yo	am-é	Yo	hube amado
Tú	am-aste	Tú	hubiste amado
El	am-ó	El	hubo amado
Nosotros	am-amos	Nosotros	hubimos amado
Vosotros	am-asteis	Vosotros	hubisteis amado
Ellos	am-aron	Ellos	hubieron amado

	Futuro imperfecto		**Futuro perfecto**
Yo	amar-é	Yo	habré amado
Tú	amar-ás	Tú	habrás amado
El	amar-á	El	habrá amado
Nosotros	amar-emos	Nosotros	habremos amado
Vosotros	amar-éis	Vosotros	habréis amado
Ellos	amar-án	Ellos	habrán amado

MODO POTENCIAL

	Simple o imperfecto		**Compuesto o pefecto**
Yo	amar-ía	Yo	habría amado
Tú	amar-ías	Tú	habrías amado
El	amar-ía	El	habría amado
Nosotros	amar-íamos	Nosotros	habríamos amado
Vosotros	amar-íais	Vosotros	habríais amado
Ellos	amar-ían	Ellos	habrían amado

MODO SUBJUNTIVO

	Presente		**Pretérito perfecto**
Yo	am-e	Yo	haya amado
Tú	am-es	Tú	hayas amado
El	am-e	El	haya amado
Nosotros	am-emos	Nosotros	hayamos amado
Vosotros	am-éis	Vosotros	hayáis amado
Ellos	am-en	Ellos	hayan amado

	Pretérito imperfecto		**Pretérito pluscuamperfecto**
Yo	am-ara o am-ase	Yo	hubiera o hubiese amado
Tú	am-aras o am-ases	Tú	hubieras o hubieses amado
El	am-ara o am-ase	El	hubiera o hubiese amado
Nos.	am-áramos o am-ásemos	Nos.	hubiéramos o hubiésemos amado
Vos.	am-arais o am-aseis	Vos.	hubierais o hubieseis amado
Ellos	am-aran o am-asen	Ellos	hubieran o hubiesen amado

	Futuro imperfecto		**Futuro perfecto**
Yo	am-are	Yo	hubiere amado
Tú	am-ares	Tú	hubieres amado
El	am-are	El	hubiere amado
Nosotros	am-áremos	Nosotros	hubiéremos amado
Vosotros	am-areis	Vosotros	hubiereis amado
Ellos	am-aren	Ellos	hubieren amado

MODO IMPERATIVO
Presente

Am-a tú	Am-emos nosotros
Am-e él	Am-ad vosotros
	Am-en ellos

Ejemplo de la segunda conjugación

TEMER

MODO INFINITIVO

Formas simples		Formas compuestas	
Infinitivo	temer	Infinitivo	haber temido
Gerundio	tem-iendo	Gerundio	habiendo temido
Participio	tem-ido		

MODO INDICATIVO

Presente		Pretérito perfecto	
Yo	tem-o	Yo	he temido
Tú	tem-es	Tú	has temido
El	tem-e	El	ha temido
Nosotros	tem-emos	Nosotros	hemos temido
Vosotros	tem-éis	Vosotros	habéis temido
Ellos	tem-en	Ellos	han temido

Pretérito imperfecto		Pretérito pluscuamperfecto	
Yo	tem-ía	Yo	había temido
Tú	tem-ías	Tú	habías temido
El	tem-ía	El	había temido
Nosotros	tem-íamos	Nosotros	habíamos temido
Vosotros	tem-íais	Vosotros	habíais temido
Ellos	tem-ían	Ellos	habían temido

Préterio indefinido		Pretérito anterior	
Yo	tem-í	Yo	hube temido
Tú	tem-iste	Tú	hubiste temido
El	tem-ió	El	hubo temido
Nosotros	tem-imos	Nosotros	hubimos temido
Vosotros	tem-isteis	Vosotros	hubisteis temido
Ellos	tem-ieron	Ellos	hubieron temido

Futuro imperfecto		**Futuro perfecto**	
Yo	temer-é	Yo	habré temido
Tú	temer-ás	Tú	habrás temido
El	temer-á	El	habrá temido
Nosotros	temer-emos	Nosotros	habremos temido
Vosotros	temer-éis	Vosotros	habréis temido
Ellos.	temer-án	Ellos	habrán temido

MODO POTENCIAL

Simple o imperfecto		**Compuesto o pefecto**	
Yo	temer-ía	Yo	habría temido
Tú	temer-ías	Tú	habrías temido
El	temer-ía	El	habría temido
Nosotros	temer-íamos	Nosotros	habríamos temido
Vosotros	temer-íais	Vosotros	habríais temido
Ellos	temer-ían	Ellos	habrían temido

MODO SUBJUNTIVO

Presente		**Pretérito perfecto**	
Yo	tem-a	Yo	haya temido
Tú	tem-as	Tú	hayas temido
El	tem-a	El	haya temido
Nosotros	tem-amos	Nosotros	hayamos temido
Vosotros	tem-áis	Vosotros	hayáis temido
Ellos	tem-an	Ellos	hayan temido

Pretérito imperfecto		**Pretérito pluscuamperfecto**	
Yo	tem-iera o tem-iese	Yo	hubiera o hubiese temido
Tú	tem-ieras o tem-ieses	Tú	hubieras o hubieses temido
El	tem-iera o tem-iese	El	hubiera o hubiese temido
Nos.	tem-iéramos o tem-iésemos	Nos.	hubiéramos o hubiésemos temido
Vos.	tem-ierais o tem-ieseis	Vos.	hubierais o hubieseis temido
Ellos	tem-ieran o tem-iesen	Ellos	hubieran o hubiesen temido

Futuro imperfecto		**Futuro perfecto**	
Yo	tem-iere	Yo	hubiere temido
Tú	tem-ieres	Tú	hubieres temido
El	tem-iere	El	hubiere temido
Nosotros	tem-iéremos	Nosotros	hubiéremos temido
Vosotros	tem-iereis	Vosotros	hubiereis temido
Ellos	tem-ieren	Ellos	hubieren temido

MODO IMPERATIVO
Presente

Tem-e tú

Tem-a él

Tem-amos nosotros

Tem-ed vosotros

Tem-an ellos

Ejemplo de la tercera conjugación

PARTIR

MODO INFINITIVO

Formas simples		Formas compuestas	
Infinitivo	part-ir	Infinitivo	haber partido
Gerundio	part-iendo	Gerundio	habiendo partido
Participio	part-ido		

MODO INDICATIVO

Presente		Pretérito perfecto	
Yo	part-o	Yo	he partido
Tú	part-es	Tú	has partido
El	part-e	El	ha partido
Nosotros	part-imos	Nosotros	hemos partido
Vosotros	part-ís	Vosotros	habéis partido
Ellos	part-en	Ellos	han partido

Pretérito imperfecto		Pretérito pluscuamperfecto	
Yo	part-ía	Yo	había partido
Tú	part-ías	Tú	habías partido
El	part-ía	El	había partido
Nosotros	part-íamos	Nosotros	habíamos partido
Vosotros	part-íais	Vosotros	habíais partido
Ellos	part-ían	Ellos	habían partido

Préterio indefinido		Pretérito anterior	
Yo	part-í	Yo	hube partido
Tú	part-iste	Tú	hubiste partido
El	part-ió	El	hubo partido
Nosotros	part-imos	Nosotros	hubimos partido
Vosotros	part-isteis	Vosotros	hubisteis partido
Ellos	part-ieron	Ellos	hubieron partido

	Futuro imperfecto		**Futuro perfecto**
Yo	partir-é	Yo	habré partido
Tú	partir-ás	Tú	habrás partido
El	partir-á	El	habrá partido
Nosotros	partir-emos	Nosotros	habremos partido
Vosotros	partir-éis	Vosotros	habréis partido
Ellos	partir-án	Ellos	habrán partido

MODO POTENCIAL

	Simple o imperfecto		**Compuesto o pefecto**
Yo	partir-ía	Yo	habría partido
Tú	partir-ías	Tú	habrías partido
El	partir-ía	El	habría partido
Nosotros	partir-íamos	Nosotros	habríamos partido
Vosotros	partir-íais	Vosotros	habríais partido
Ellos	partir-ían	Ellos	habrían partido

MODO SUBJUNTIVO

	Presente		**Pretérito perfecto**
Yo	part-a	Yo	haya partido
Tú	part-as	Tú	hayas partido
El	part-a	El	haya partido
Nosotros	part-amos	Nosotros	hayamos partido
Vosotros	part-áis	Vosotros	hayáis partido
Ellos	part-an	Ellos	hayan partido

	Pretérito imperfecto		**Pretérito pluscuamperfecto**
Yo	part-iera o part-iese	Yo	hubiera o hubiese partido
Tú	part-ieras o part-ieses	Tú	hubieras o hubieses partido
El	part-iera o part-iese	El	hubiera o hubiese partido
Nos.	part-iéramos o part-iésemos	Nos.	hubiéramos o hubiésemos partido
Vos.	part-ierais o part-ieseis	Vos.	hubierais o hubieseis partido
Ellos	part-ieran o part-iesen	Ellos	hubieran o hubiesen partido

	Futuro imperfecto		**Futuro perfecto**
Yo	part-iere	Yo	hubiere partido
Tú	part-ieres	Tú	hubieres partido
El	part-iere	El	hubiere partido
Nosotros	part-iéremos	Nosotros	hubiéremos partido
Vosotros	part-iereis	Vosotros	hubiereis partido
Ellos	part-ieren	Ellos	hubieren partido

Presente

Part-e tú	Part-amos nosotros
Part-a él	Part-id vosotros
	Part-an ellos

Cuadro de las desinencias de los tiempos simples de los verbos regulares

MODO INDICATIVO

a) Presente	1a. conjug.	-o, -as, -a; -amos, -áis, -an.
	2a. conjug.	-o, -es, -e; -emos, -éis, -en.
	3a. conjug.	-o, -es, -e; -imos, -ís, en.
b) Pretérito imperfecto	1a. conjug.	-aba, -abas, -aba; -ábamos, -abais, -aban
	2a. y 3a. conjug.	-ía, -ías, -ía; -íamos, -íais, -ían.
c) Pretérito indefinido	1a. conjug	-é, -aste, -ó; -amos; asteis, -aron
	2a. y 3a. conjug.	-í, -iste, -ió; -imos, -isteis, -ieron
d) Futuro imperfecto	Las tres conjug.	-é, -ás, -á; -emos, -éis, -án.

MODO POTENCIAL

e) Potencial simple	Las tres conjug.	-ía, -ías, -ía; -íamos, -íais, -ían.

MODO SUBJUNTIVO

f) Presente	1a. conjug.	-e, -es, -e; -emos, -éis, -en.
	2a. y 3a. conjug.	-a, -as, -a; -amos, -áis, -an.
g) Pretérito	1a. conjug	-ara, -aras, -ara; -áramos, -arais, -aran.
		-ase, -ases, -ase; -ásemos, -aseis, -asen
imperfecto		-iera, -ieras, -iera; -iéramos, -ierais, -ieran
	2a. y 3a. conjug.	-iese, ieses, -iese; -iésemos, -ieseis, -iesen.
h) Futuro	1a. conjug.	-are, -ares, -are; -áremos, -areis, -aren
imperfecto	2a. y 3a. conjug.	-iere, -ieres, -iere; -iéremos, -iereis, -ieren.

Verbos que acentúan la vocal cerrada
en los tiempos del primer grupo

Hay una gran cantidad de verbos que, al conjugarse en las tres personas del singular y 3ª del plural del presente de indicativo, presente de subjuntivo e imperativo, cuando se juntan dos vocales, una abierta y otra cerrada, acentúan esta última con acento tónico y gráfico.

Ejemplos:

acensuar - acentuar - aullar - aunar - aupar - avaluar - biografiar - cablegrafiar - cartografiar - cinematografiar - conceptuar - criar - desafiar - descarriar -desliar - devaluar - engreír - esquiar - evaluar - exceptuar - habituar - hastiar - ortografiar - perpetuar - porfiar - prohibir - radiografiar - resfriar - usufructuar

Presente indicativo

avalúo	desafío
avalúas	desafías
avalúa	desafía
avalúan	desafían

Presente subjuntivo

avalúe	desafíe
avalúes	desafíes
avalúe	desafíe
avalúen	desafíen

Imperativo

avalúa tú
avalúe
avalúen ellos

desafía tú
desafíe él
desafíen ellos

La voz pasiva de los verbos

Las tres conjugaciones de los verbos regulares de las cuales hemos presentado ejemplos, representan el verbo en la *voz activa*, pues todas y cada una de sus formas aparecen expresando la acción de *amar*, de *temer* o de *partir* como verificada por los nombres o pronombres a que se refiere el verbo. Ejemplos: Amamos a nuestros padres; el niño teme al perro; Jesús partió el pan entre sus discípulos.

Esta forma de conjugación se llama *voz activa del verbo*.

Pero hay otra manera de expresar, en castellano, los mismos conceptos anteriores, diciendo: Nuestros padres son amados por nosotros; el perro es temido por el niño y el pan fue repartido por Jesús entre sus discípulos.

Los tiempos: *son amados*, *es temido* y *fue repartido* muestran al verbo *ser* en su oficio de verbo auxiliar, conjugado con un participio pasivo. Esta forma de conjugación se llama *voz pasiva de los verbos*. En ella, todos los verbos son *perifrásticos* o *compuestos*, pero les damos la misma denominación que tienen sus correspondientes de la voz activa.

Conjugación del verbo AMAR en voz pasiva

MODO INFINITIVO

Formas simples		Formas compuestas	
Infinitivo:	ser amado	Infinitivo:	haber sido amado
Gerundio:	siendo amado	Gerundio:	habiendo sido amado

MODO INDICATIVO

Presente		Pretérito perfecto	
Yo	soy amado	Yo	he sido amado
Tú	eres amado	Tú	has sido amado
El	es amado	El	ha sido amado
Nosotros	somos amados	Nosotros	hemos sido amados
Vosotros	sois amados	Vosotros	habéis sido amados
Ellos	son amados	Ellos	han sido amados

Pretérito imperfecto		Pretérito pluscuamperfecto	
Yo	era amado	Yo	había sido amado
Tú	eras amado	Tú	habías sido amado
El	era amado	El	había sido amado
Nosotros	éramos amados	Nosotros	habíamos sido amados

| Vosotros | erais amados | Vosotros | habíais sido amados |
| Ellos | eran amados | Ellos | habían sido amados |

	Préterio indefinido		**Pretérito anterior**
Yo	fui amado	Yo	hube sido amado
Tú	fuiste amado	Tú	hubiste sido amado
El	fue amado	El	hubo sido amado
Nosotros	fuimos amados	Nosotros	hubimos sido amados
Vosotros	fuisteis amados	Vosotros	hubisteis sido amados
Ellos	fueron amados	Ellos	hubieron sido amados

	Futuro imperfecto		**Futuro perfecto**
Yo	seré amado	Yo	habré sido amado
Tú	serás amado	Tú	habrás sido amado
El	será amado	El	habrá sido amado
Nosotros	seremos amados	Nosotros	habremos sido amados
Vosotros	seréis amados	Vosotros	habréis sido amados
Ellos	serán amados	Ellos	habrán sido amados

MODO POTENCIAL

	Simple o imperfecto		**Compuesto o pefecto**
Yo	sería amado	Yo	habría sido amado
Tú	serías amado	Tú	habrías sido amado
El	sería amado	El	habría sido amado
Nosotros	seríamos amados	Nosotros	habríamos sido amados
Vosotros	seríais amados	Vosotros	habríais sido amados
Ellos	serían amados	Ellos	habrían sido amados

MODO SUBJUNTIVO

	Presente		**Pretérito perfecto**
Yo	sea amado	Yo	haya sido amado
Tú	seas amado	Tú	hayas sido amado
El	sea amado	El	haya sido amado
Nosotros	seamos amados	Nosotros	hayamos sido amados
Vosotros	seáis amados	Vosotros	hayáis sido amados
Ellos	sean amados	Ellos	hayan sido amados

	Pretérito imperfecto		**Pretérito pluscuamperfecto**
Yo	fuera o fuese amado	Yo	hubiera o hubiese sido amado

Tú	fueras o fueses amado	Tú	hubieras o hubieses sido amado
El	fuera o fuese amado	El	hubiera o hubiese sido amado
Nos.	fuéramos o fuésemos amados	Nos.	hubiéramos o hubiésemos sido amados
Vos.	fuerais o fueseis amados	Vos.	hubierais o hubieseis sido amados
Ellos	fueran o fuesen amados	Ellos	hubieran o hubiesen sido amados

Futuro imperfecto		**Futuro perfecto**	
Yo	fuere amado	Yo	hubiere sido amado
Tú	fueres amado	Tú	hubieres sido amado
El	fuere amado	El	hubiere sido amado
Nosotros	fuéremos amados	Nosotros	hubiéremos sido amados
Vosotros	fuereis amados	Vosotros	hubiereis sido amados
Ellos	fueren amados	Ellos	hubieren sido amados

MODO IMPERATIVO
Presente

Sé tú amado	Seamos nosotros amados
Sea él amado	Sed vosotros amados
	Sean ellos amados

Los verbos irregulares

Verbo irregular es el que se conjuga alterando sus radicales o sus desinencias propias de la conjugación regular: *amar*, *temer* y *partir* o ambas a la vez.

Sin embargo, es muy importante establecer que un verbo no deja de ser regular por el hecho de sufrir cambios ortográficos en su conjugación. Así, los verbos terminados en *car*, *cer*, *cir*, *gar*, *ger*, *gir* no dejan de ser regulares porque algunas personas mudan la "c" en "qu" o en "z" o admiten una "u" después de la "g".

En los verbos tocar, vencer, resarcir; pagar, proteger, corregir, escribimos toqué, venzo, resarzo; pagué, protejo, corrijo, empleando las letras apropiadas a los sonidos.

Tampoco es irregular el verbo delinquir, que cambia la "q" en "c" en delinco, delincas, delincamos, delincáis, delincan. Ni son irregulares algunos verbos terminados en "aer", "eer", "oer", como raer, creer, roer, porque cambian la "i" (vocal) de la desinencia en "y" (consonante): rayo, rayeron, rayera, rayendo; creyó, creyera, creyendo; royó, royera, royendo. Todos estos verbos son *aparentemente irregulares*.

Ejemplos de verbos aparentemente irregulares:

abocarse	chocar
abordar	depredar
abrevar	derogar
abrogar	derrocar
absorber	desaferrar
acordar *(un instrumento)*	descolar
aferrar	desertar
aferrarse	desflecar
aforar	destronar
afrentar	detentar
agostar	detestar
alternar	desvelar
anegar	disertar
anhelar	dispensar
aovar	doblegar
aparentar	emergir
aporcar	emparentar
aportar	encolar
aposentar	encovar
apostar *(poner de posta)*	enervar
asestar	enjalbegar
atentar *(contra)*	enrolar
atollar	entregar
avejentar	erogar
avezar	escorzar
avocar	estebar
bregar	estercolar
comentar	exentar
compeler	expeler
compensar	fomentar
condimentar	impeler
congelar	impetrar
cortar	infestar
cumplimentar	inmergir

inmiscuir	propender
innovar	prorrogar
insertar	protestar
insistir	proveer
intentar	recorvar
interpretar	remecer
interrogar	segregar
irrogar	sobreseer
mecer	solventar
moldar	sorber
ofender	subrogar
paramentar	suspender
pender	surgir
portarse	templar
prendarse	ungir.
profesar	

Para la mejor inteligencia de las irregularidades verbales, se han dividido los tiempos simples en *primitivos* y *derivados*.

Se les ha llamado así, porque la irregularidad de los primitivos se trasmite a los derivados respectivos. En esta forma, tenemos tres grupos.

Tiempos primitivos	**Tiempos derivados**
1. Presente de indicativo	Presente de subjuntivo
	Imperativo
2. Pretérito indefinido	Pretérito imperfecto de subjuntivo
	Futuro imperfecto de subjuntivo
	Gerundio (a veces)
3. Futuro imperfecto indicativo	Potencial simple

Verbos de irregularidad común y de irregularidad propia

Se dice que una irregularidad es común cuando afecta a dos o más verbos y es de irregularidad propia cuando afecta a un solo verbo.

La Real Academia de la Lengua distingue doce clases de verbos de irregularidad común y veintidós verbos de irregularidad propia.

Clases de verbos de irregularidad común

Tienen un mismo género de irregularidad los verbos comprendidos en cada una de las doce siguientes clases:

Primera Clase de verbos irregulares

Muchos de la primera y segunda conjugación que tienen *e* en la penúltima sílaba, y los de la tercera *concernir* y *discernir*, diptongan en ie dicha *e* en las personas en que es tónica, o sea, en las de singular y tercera de plural de los tiempos del primer grupo. Ejemplos:

ACERTAR   ENTENDER   DISCERNIR

Tiempos del primer grupo
Presente de Indicativo

ACERTAR	ENTENDER	DISCERNIR
Acierto	Entiendo	Discierno
Aciertas	Entiendes	Disciernes
Acierta	Entiende	Discierne
Aciertan	Entienden	Disciernen

Presente de Subjuntivo

ACERTAR	ENTENDER	DISCERNIR
Acierte	Entienda	Discierna
Aciertes	Entiendas	Disciernas
Acierte	Entienda	Discierna
Acierten	Entiendan	Disciernan

MODO IMPERATIVO

ACERTAR	ENTENDER	DISCERNIR
Acierta	Entiende	Discierne
Acierte	Entienda	Discierna
Acierten	Entiendan	Disciernan

b) *Errar*, uno de los verbos irregulares de esta clase, cambia en y la i del diptongo *ie*, por el valor que dicha i adquiere hiriendo a otra vocal para formar sílaba con ella; v.gr.: *yerro, yerras*, etc.; *yerre, yerres*, etc.

c) Con casi todos los verbos de la primera conjugación pertenecientes a esta clase, coexisten substantivos o adjetivos en que se halla también el diptongo *ie*, y los cuales pueden servir para dar a conocer o denunciar la irregularidad de dichos verbos, como se verá en la siguiente tabla:

Acertar	Acierta	El acierto, el desacierto.
Desacertar	Desacierta	
Acrecentar	Acrecienta	La creciente.
Adestrar	Adiestra	El, lo diestro, la diestra.
Alebrarse	Aliebra	La liebre.
Alentar	Alienta	El aliento, el desaliento.
Desalentar	Desalienta	
Apernar	Apierna	
Despernar	Despierna	La pierna.
Entrepernar	Entrepierna	
Apretar	Aprieta	
Desapretar	Desaprieta	El aprieto.
Reapretar	Reaprieta	
Arrendar	Arrienda	
Desarrendar	Desarrienda	El arriendo, el subarriendo.
Subarrendar	Subarrienda	
Aterrar	Atierra	La tierra.
Atestar	Atiesta	El atiesto, voz anticuada.
Calentar	Calienta	Lo caliente.
Recalentar	Recalienta	
Cegar	Ciega	El ciego.
Cerrar	Cierra	
Encerrar	Encierra	El cierre, el encierro.
Desencerrar	Desencierra	
Cimentar	Cimienta	El cimiento.
Comenzar	Comienza	El comienzo.
Concertar	Concierta	El concierto, el desconcierto.
Desconcertar	Desconcierta	
Confesar	Confiesa	La confiesa, voz anticuada.
Dentar	Dienta	
Desdentar	Desdienta	El diente.
Endentar	Endienta	

44

Deslendrar	Desliendra	La liendre.
Desmembrar	Desmiembra	El miembro.
Desterrar	Destierra	El destierro.
Emparentar	Emparienta	El pariente.
Empedrar	Empiedra	La piedra.
Desempedrar	Desempiedra	
Empezar	Empieza	El empiezo, voz anticuada.
Encomendar	Encomienda	La encomienda.
Enlenzar	Enlienza	El lienzo.
Enmendar	Enmienda	La enmienda.
Ensangrentar	Ensangrienta	Lo sangriento.
Enterrar	Entierra	El entierro.
Desenterrar	Desentierra	
Errar	Yerra	El yerro.
Escarmentar	Escarmienta	El escarmiento.
Ferrar	Fierra	
Aferrar	Afierra	El fierro.
Desferrar	Desfierra	
Fregar	Friega	
Refregar	Refriega	La friega.
Transfregar	Transfriega	
Gobernar	Gobierno	El gobierno, el desgobierno.
Desgobernar	Desgobierna	
Hacendar	Hacienda	La hacienda.
Helar	Hiela	El hielo, el deshielo.
Deshelar	Deshiela	
Herbar	Hierba	La hierba.
Desherbar	Deshierba	
Herrar	Hierra	
Desherrar	Deshierra	El hierro.
Reherrar	Rehierra	
Incensar	Inciensa	El incienso.
Infernar	Infierna	El infierno.
Invernar	Invierna	El invierno.
Desinvernar	Desinvierna	
Manifiestar	Manifiesta	El manifiesto.
Melar	Miela	
Desmelar	Desmiela	La miel.
Enmelar	Enmiela	
Mentar	Mienta	Las mientes.
Merenda'	Merienda	La merienda.

Nevar	Nieva	La nieve.
Desnevar	Desnieva	
Pensar	Piensa	Ni por pienso, el pienso.
Repensar	Repiensa	
Plega·	Pliega	El pliegue, el despliegue.
Desplegar	Despliega	
Replegar	Repliega	
Quebrar	Quiebra	
Aliquebrar	Aliquiebra	El quiebro, la quiebra,
Perniquebrar	Perniquiebra	El requiebro.
Requebrar	Requiebra	
Resquebrar	Resquiebra	
Recentar	Recienta	La, lo reciente.
Recomendar	Recomienda	La encomienda.
Regar	Riega	El riego, el sorriego.
Sorregar	Sorriega	
Regimentar	Regimienta	El regimiento.
Remendar	Remienda	El remiendo.
Renegar	Reniega	El reniego.
Salpimentar	Salpimienta	La pimienta.
Sarmentar	Sarmienta	El sarmiento.
Segar	Siega	La siega.
Resegar	Resiega	
Sembrar	Siembra	
Resembrar	Resiembra	La siembra, la resiembra.
Sobresembrar	Sobresiembra	
Sementar	Semienta	La simiente.
Sentar	Sienta	
Asentar	Asienta	El asiento.
Desasentar	Desasienta	
Serrar	Sierra	La sierra.
Aserrar	Asierra	
Sosegar	Sosiega	El sosiego, el desasosiego.
Desasosegar	Desasosiega	
Soterrar	Sotierra	La tierra.
Temblar	Tiembla	El tiemblo, voz anticuada.
Retemblar	Retiembla	
Tentar	Tienta	
Atentar	Atienta	
Desatentar	Desatienta	El tiento, la tienta.
Destentar	Destienta	
Retentar	Retienta	

Trasegar	Trasiega	El trasiego.
Travesar	Traviesa	
Atravesar	Atraviesa	El, lo travieso, la traviesa.
Desatravesar	Desatraviesa	
Tropoza.	Tropieza	El tropiezo.
Ventar	Vienta	
Aventar	Avienta	
Desaventar	Desavienta	El viento.
Desventar	Desvienta	
Reaventar	Reavienta	

Segunda Clase de verbos irregulares

a) Muchos de la primera y segunda conjugación en cuya penúltima sílaba entra la o diptongan ésta en *ue* en las mismas personas y por la misma causa por la que los de la clase primera diptongan la e en *ie*. Ejemplos:

CONTAR   MOVER

Tiempos del primer grupo
Presente de indicativo

Yo	cuento	Yo	muevo
Tú	cuentas	Tú	mueves
El	cuenta	El	mueve
Ellos	cuentan	Ellos	mueven

Presente de subjuntivo

Yo	cuente	Yo	mueva
Tú	cuentes	Tú	muevas
El	cuente	El	mueva
Ellos	cuenten	Ellos	muevan

MODO IMPERATIVO

Cuenta tú	Mueve tú
Cuente él	Mueva él
Cuenten ellos	Muevan ellos

b) *Desosar* y *oler*, verbos irregulares de esta clase, toman además, por regla ortográfica, una *h* antes del diptongo *ue*; v.gr.: deshueso, deshuesas, etc.; deshuese, deshueses, etc.; huelo, hueles, etc.; huela, huelas, etc.

c) El participio de algunos de los verbos de esta clase es irregular, según se verá más adelante.

d) También coexisten substantivos o adjetivos en que se halla el diptongo ue, con casi todos los verbos de la primera conjugación perteneciente a esta clase:

Abuñolar	Abuñuela	El buñuelo.
Aclocar	Aclueca	La clueca.
Acordar	Acuerda	El acuerdo, el desacuerdo.
Acornar	Acuerna	
Descornar	Descuerna	El cuerno.
Mancornar	Mancuerna	
Aforar	Afuera	El fuero, el desafuero.
Desaforar	Desafuera	
Agorar	Agüera	El agüero.
Almorzar	Almuerza	El almuerzo.
Alongar	Aluenga	Lo luengo.
Amolar	Amuela	La muela de afilar.
Apercollar	Apercuella	El cuello.
Apostar	Apuesta	La apuesta.
Avergonzar	Avergüenza	La vergüenza.
Azolar	Azuela	La azuela.
Colgar	Cuelga	La cuelga.
Descolgar	Descuelga	
Consolar	Consuela	El consuelo.
Desconsolar	Desconsuela	
Contar	Cuenta	El cuento, la cuenta,
Descontar	Descuenta	el descuento, el recuento.
Recontar	Recuenta	
Degollar	Degüella	El degüello.
Denostar	Denuesta	El denuesto.
Descollar	Descuella	El cuello.
Desflocar	Desflueca	El flueco.
Desmajolar	Desmajuela	El majuelo, la majuela.
Desollar	Desuella	El desuello.
Desosar	Deshuesa	El hueso.
Desvergonzarse	Se desvergüenza	La desvergüenza.
Dolar	Duela	La duela.
Emporcar	Empuerca	El puerco.
Enclocar	Enclueca	La clueca

Encontrar	Encuentra	El encuentro.
Encorar	Encuera	El cuero.
Encordar	Encuerda	La cuerda.
Desencordar	Desencuerda	
Encovar	Encueva	La cueva.
Engorar	Engüera	Lo huero.
Engrosar	Engruesa	El, lo grueso.
Desengrosar	Desengruesa	
Entortar	Entuerta	El, lo tuerto.
Follar	Fuella	El fuelle.
Afollar	Afuella	
Forzar	Fuerza	El, lo fuerte, la fuerza.
Esforzar	Esfuerza	El esfuerzo.
Reforzar	Refuerza	El refuerzo.
Holgar	Huelga	La huelga.
Hollar	Huella	La huella.
Rehollar	Rehuella	
Moblar	Muebla	
Amoblar	Amuebla	El, lo mueble.
Desamoblar	Desamuebla	
Mostrar	Muestra	La muestra.
Demostrar	Demuestra	
Poblar	Puebla	El pueblo, la puebla.
Despoblar	Despuebla	
Repoblar	Repuebla	
Probar	Prueba	
Aprobar	Aprueba	
Comprobar	Comprueba	
Desaprobar	Desaprueba	La prueba.
Improbar	Imprueba	
Reprobar	Reprueba	
Recordar	Recuerda	El recuerdo.
Recostar	Recuesta	El recuesto.
Regoldar	Regüelda	El regüeldo
Renovar	Renueva	El renuevo.
Resollar	Resuella	El resuello.
Rodar	Rueda	
Enrodarse	Enrueda	La rueda, el ruedo.
Sonrodarse	Se sonrueda	
Rogar	Ruega	El ruego.
Solar	Suela	
Asolar	Asuela	El suelo.

Sobresolar	Sobresuela	
Soltar	Suelta	La suelta, lo suelto.
Sonar	Suena	
Asonar	Asuena	
Consonar	Consuena	
Disonar	Disuena	El sueno, voz anticuada.
Malsonar	Malsuena	
Resonar	Resuena	
Soñar	Sueña	El sueño.
Trasoñar	Trasueña	
Tostar	Tuesta	El tueste.
Retostar	Retuesta	
Trocar	Trueca	El trueco o trueque,
Destrocar	Destrueca	el destrueco o destrueque,
Trastrocar	Trastrueca	el trastrueco o trastrueque.
Tronar	Truena	
Atronar	Atruena	El trueno.
Retronar	Retruena	
Volar	Vuela	
Revolar	Revuela	El vuelo.
Trasvolar	Trasvuela	
Volcar	Vuelca	El vuelco, el revuelco.
Revolcar	Revuelca	

Tercera clase de verbos irregulares

a) Los acabados en *acer*, menos *hacer*, y sus compuestos, y exceptuados también *placer* y *yacer*; los terminados en *ecer*, salvo *mecer* y *remecer*; los acabados en *ocer*, menos *cocer*, *escocer* y *recocer*; y los que terminan en *ucir*, salvo los compuestos con *ducir* (*deducir*, *introducir*, etc.). Todos los verbos' exceptuados, menos *mecer* y *remecer* que son regulares, tienen irregularidad distinta de la que se señala en esta clase.

b) Todos los comprendidos en ella toman una *z* antes de la *c* radical, siempre que ésta tenga sonido fuerte, o sea, en la primera persona de singular del presente de indicativo y en todo el presente de subjuntivo, que son las únicas formas en que la *c* radical va seguida de *o* o de *a*. Ejemplos:

NACER	AGRADECER	CONOCER	LUCIR

Tiempos del primer grupo
Presente de Indicativo

Nazco	Agradezco	Conozco	Luzco

Presente de subjuntivo

Nazca.	Agradezca.	Conozca.	Luzca.
Nascas.	Agradezcas.	Conozcas.	Luzcas.
Nazca.	Agradezca.	Conozca.	Luzca.
Nazcamos.	Agradezcamos.	Conozcamos.	Luzcamos.
Nazcáis.	Agradezcáis.	Conozcáis.	Luzcáis.
Nazcan.	Agradezcan.	Conozcan.	Luzcan.

MODO IMPERATIVO

Nazca.	Agradezca.	Conozca.	Luzca.
Nazcamos.	Agradezcamos.	Conozcamos.	Luzcamos.
Nazcan.	Agradezcan.	Conozcan.	Luzcan.

Cuarta clase de verbos irregulares

a) Todos los terminados en ducir: *producir; reducir, inducir.*

b) En los tiempos del primer grupo tienen la misma irregularidad que los de la clase anterior; en los del segundo tienen *j* en vez de la *c* radical, y carecen de la *i* de las desinencias regulares (*condujera*, y no *conduciera*); además, en la primera y tercera persona de singular del pretérito indefinido, tienen las desinencias *e, o* inacentuadas, en vez de las regulares *í. ió* agudas.

CONDUCIR

Tiempos del primer grupo
Presente de indicativo
Yo conduzco

Presente de subjuntivo

Yo	conduzca	Nosotros	conduzcamos
Tú	conduzcas	Vosotros	conduzcáis
El	conduzca	Ellos	conduzcan

Conduzca él   Conduzcamos nosotros
                               Conduzcan ellos

Tiempos del segundo grupo

Pretérito indefinido

Yo	conduje	Nosotros	condujimos
Tú	condujiste	Vosotros	condujisteis
El	condujo	Ellos	condujeron

Pretérito imperfecto de subjuntivo

Yo	condujera o condujese	Nos.	condujéramos o condujése-
			mos
Tú	condujeras o condujeses	Vos.	condujerais o condujeseis
El	condujera o condujese	Ellos	condujeran o condujesen

Futuro Imperfecto de subjuntivo

Yo	condujere	Nosotros	condujéremos
Tú	condujeres	Vosotros	condujereis
El	condujere	Ellos	condujeren

Quinta clase de verbos irregulares

a) Todos los terminados en *añer, añir, iñir* y *uñir*, y en *eller* y *ullir*.

b) Su única irregularidad consiste en no tener la *i* de las desinencias *ió, ieron, iera, ieras*, etc.; *iese, ieses*, etc.; *iere, ieres*, etcétera, de los tiempos del segundo grupo, ni la del gerundio, *iendo*; v.gr.: *tañó, mulló, tañera, mullera*, en vez de *tañió, mullió, tañiera, mulliera*; lo cual se origina de no prestarse en nuestra lengua la *ll* ni la *ñ* a preceder a los diptongos *io, ie*, formando sílaba con ellos. Ejemplos:

TAÑER   MULLIR

Tiempos del segundo grupo
Pretérito indefinido

El	tañó	El	mulló
Ellos	tañeron	Ellos	mulleron

Pretérito Imperfecto de Subjuntivo

Yo	tañera o tañese	Yo	mullera o mullese
Tú	tañeras o tañeses	Tú	mulleras o mulleses
El	tañera o tañese	El	mullera o mullese
Nos.	tañéramos o tañésemos	Nos.	mulléramos o mullésemos
Vos.	tañerais o tañeseis	Vos.	mullerais o mulleseis
Ellos	tañeran o tañesen	Ellos	mulleran o mullesen

Futuro Imperfecto de Subjuntivo

Yo	tañere	Yo	mullere
Tú	tañeres	Tú	mulleres
El	tañere	El	mullere
Nosotros	tañéremos	Nosotros	mulléremos
Vosotros	tañereis	Vosotros	mullereis
Ellos	tañeren	Ellos	mulleren

Gerundio

tañendo   mullendo

Sexta clase de verbos irregulares

a) Servir y todos los terminados en ebir, edir (salvo agredir y transgredir. que son defectivos), egir, eguir, emir, enchir, endir, estir y etir; como concebir, pedir, regir, seguir, gemir, henchir, rendir, vestir, y repetir.

b) Mudan en *i* la *e* de su penúltima sílaba en los dos casos siguientes: 1º, siempre que sobre ella deba cargar el acento, o sea, en todo el singular y terceras personas de plural de los tiempos del primer grupo, y 2º, siempre que la desinencia empiece por *a* o tenga diptongo (segunda y tercera persona de plural del presente de subjuntivo, terceras del pretérito indefinido, todas las del pretérito y futuro imperfectos de subjuntivo y el gerundio). Ejemplo:

PEDIR

Tiempos del primer grupo
Presente de indicativo

Yo	pido		
Tú	pides		
El	pide	Ellos	piden

Presente de subjuntivo

Yo	pida	Nosotros	pidamos
Tú	pidas	Vosotros	pidáis
El	pida	Ellos	pidan

MODO IMPERATIVO

Pide	tú	Pidamos	nosotros
Pida	él	Pidan	ellos

Tiempos del segundo grupo
Pretérito indefinido

El	pidió	Ellos	pidieron

Pretérito imperfecto de subjuntivo

Yo	pidiera o pidiese	Nos.	pidiéramos o pidiésemos
Tú	pidieras o pidieses	Vos.	pidierais o pidieseis
El	pidiera o pidiese	Ellos	pidieran o pidiesen

Futuro imperfecto de subjuntivo

Yo	pidiere	Nosotros	pidiéremos
Tú	pidieres	Vosotros	pidiereis
El	pidiere	Ellos	pidieren

Gerundio:
Pidiendo

Séptima clase de verbos irregulares

a) Todos los terminados en *eir* y *eñir*

b) Como los de la clase anterior, cambian en *i* la *e* de la radical; y como los de la clase V, no tienen la *i* de las desinencias de los tiempos del tercer grupo. Ejemplos:

REIR   CEÑIR

Tiempos del primer grupo
Presente de Indicativo

Yo	río	Yo	ciño
Tú	ríes	Tú	ciñes
El	ríe	El	ciñe
Ellos	ríen	Ellos	ciñen

Presente de subjuntivo

Yo	ría	Yo	ciña
Tú	rías	Tú	ciñas
El	ría	El	ciña
Nosotros	riamos	Nosotros	ciñamos
Vosotros	riáis	Vosotros	ciñáis
Ellos	rían	Ellos	ciñan

MODO IMPERATIVO

Ríe tú	Ciñe tú
Ría él	Ciña él
Ríamos nosotros	Ciñamos nosotros
Rían ellos	Ciñan ellos

Tiempos del segundo grupo
Pretérito indefinido

El	rio	El	ciñó
Ellos	rieron	Ellos	ciñeron

Pretérito imperfecto de subjuntivo

Yo	riera o riese	Yo	ciñera o ciñese
Tú	rieras o rieses	Tú	ciñeras o ciñeses
El	riera o riese	El	ciñera o ciñese
Nos.	riéramos o riésemos	Nos.	ciñéramos o ciñésemos
Vos.	rierais o rieseis	Vos.	ciñerais o ciñeseis
Ellos	rieran o riesen	Elios	ciñeran o ciñesen

Futuro imperfecto de subjuntivo

Yo	riere	Yo	ciñere
Tú	rieres	Tú	ciñeres
El	riere	El	ciñere
Nosotros	riéremos	Nosotros	ciñéremos
Vosotros	riereis	Vosotros	ciñereis
Ellos	rieren	Ellos	ciñeren

Gerundio

Riendo	Ciñendo

c) En vez de *rio*, *rieron*; *riera*, *iese*, *rieras*, *rieses*, etc.; *riere*, *rieres*, etc., y *riendo*, suele decirse *riyó*, *riyeron*; *riyera*, *riyese*, *riyeras*, *riyeses*, etc.; *riyere*, *riyeres*, etc. y *riyendo*.

Octava clase de verbos irregulares

a) *Hervir* y *rehervir* y todos los terminados en *entir, erir* y *ertir*; como *sentir, herir* y *divertir*.

b) Como los de la clase I, refuerzan la *e* de la penúltima sílaba diptongándola en *ie*, siempre que sea tónica; y como los de la clase VI, la debilitan en *i*, siempre que sea átona y la desinencia empiece por *a* o diptongo. Ejemplo:

SENTIR

Tiempos del primer grupo
MODO INDICATIVO
Presente

Yo	siento		
Tú	sientes		
El	siente	Ellos	sienten

Presente de subjuntivo

Yo	sienta	Nosotros	sintamos
Tú	sientas	Vosotros	sintáis
El	sienta	Ellos	sientan

MODO IMPERATIVO

Siente tú	Sintamos nosotros
Sienta él	Sientan ellos

Tiempos del segundo grupo
Pretérito indefinido

El	sintió	Ellos	sintieron

Pretérito imperfecto de subjuntivo

Yo	sintiera o sintiese	Nos.	sintiéramos o sintiésemos
Tú	sintieras o sintieses	Vos.	sintierais o sintieseis
El	sintiera o sintiese	Ellos	sintieran o sintiesen

Futuro imperfecto de subjuntivo

Yo	sintiere	Nosotros	sintiéremos
Tú	sintieres	Vos.	sintiereis
El	sintiere	Ellos	sintieren

Gerundio:

Sintiendo

Novena clase de verbos irregulares

a) *Jugar* y los terminados en *irir*.

b) Tienen *ue* en vez de *u* e *ie* en vez de *i* cuando el acento carga en la penúltima sílaba, o sea, en las mismas personas que los de las clases I y II. Ejemplos.

JUGAR   ADQUIRIR

Tiempos del primer grupo
Presente de indicativo

Yo	juego	Yo	adquiero
Tú	juegas	Tú	adquieres
El	juega	El	adquiere
Ellos	juegan	Ellos	adquieren

Presente de subjuntivo

Yo	juegue	Yo	adquiera
Tú	juegues	Tú	adquieras
El	juegue	El	adquiera
Ellos	jueguen	Ellos	adquieran

MODO IMPERATIVO

Juega tú	Adquiere tú
Juegue él	Adquiera él
Jueguen ellos	Adquieran ellos

La *u* que hay después de la *g* en el subjuntivo y en el imperativo de *jugar* hace oficio meramente ortográfico, según lo que ya se dijo.

Décima clase de verbos irregulares

a) Los terminados en uir, menos inmiscuir.

b) En los tiempos del primer grupo toman una *y* después de la *u* radical ante las vocales a, e, o de las desinencias. Ejemplo:

HUIR

Tiempos del primer grupo
MODO INDICATIVO
Presente

Yo	huyo		
Tú	huyes		
El	huye	Ellos	huyen

Presente de subjuntivo

Yo	huya	Nosotros	huyamos
Tú	huyas	Vosotros	huyáis
El	huya	Ellos	huyan

MODO IMPERATIVO

Huye tú	Huyamos nosotros
Huya él	Huyan ellos

c) En los tiempos del segundo grupo y en el gerundio cambian estos verbos en *y* la *i* de las desinencias *ió*, *ieron*; *iera*, *iese*; *iere*, *iendo*; v.gr.: *huyó*, *huyeron*; *huyera*, *huyese*, *huyeras*, *huyeses*, etc.; *huyere*, *huyeres*, etc.; *huyendo*; pero esto no debe considerarse como irregularidad, según lo advertido.

Undécima clase de verbos irregulares

a) Los verbos *dormir* y *morir* y sus compuestos.

b) Diptongan la *o* en *ue* en los mismos casos en que los de la clase VIII diptongan la *e* en *ie*; y la debilitan en *u* en los mismos casos en que aquéllos debilitan la *e* en *i*. Ejemplo:

DORMIR

Tiempos del primer grupo
Presente de indicativo

Yo	duermo		
Tú	duermes		
El	duerme	Ellos	duermen

Presente de subjuntivo

Yo	duerma	Nosotros	durmamos

| Tú | duermas | Vosotros | durmáis |
| El | duerma | Ellos | duerman |

MODO IMPERATIVO

| Duerme tú | Durmamos nosotros |
| Duerma él | Duerman ellos |

Tiempos del segundo grupo
Pretérito indefinido

| El | durmió | Ellos | durmieron |

Pretérito imperfecto de subjuntivo

Yo	durmiera o durmiese	Nos.	durmiéramos o durmiése-mos
Tú	durmieras o durmieses	Vos.	durmierais o durmieseis
El	durmiera o durmiese	Ellos	durmieran o durmiesen

Futuro imperfecto de subjuntivo

Yo	durmiere	Nosotros	durmiéremos
Tú	durmieres	Vosotros	durmiereis
El	durmiere	Ellos	durmieren

Gerundio:
Durmiendo

c) El participio de dormir es regular; irregular el de morir, como se verá más adelante.

Duodécima clase de verbos irregulares

a) Los verbos *valer* y *salir* y sus compuestos.

b) En los tiempos del primer grupo toman una *g* después de la *l* radical ante las vocales *o*, *a* de las desinencias, y en la segunda persona de singular del imperativo pierden la desinencia *e*. *Valer* se usa también, y más frecuentemente, como regular en esta misma persona. En los tiempos del tercer grupo tienen *d* en vez de la *e* o *i* del infinitivo radical (valdré, por valeré, valdría por valería). Ejemplos:

VALER   SALIR

Tiempos del primer grupo

Presente de indicativo

Yo	valgo		Yo	salgo

Presente de subjuntivo

Yo	valga		Yo	salga
Tú	valgas		Tú	salgas
El	valga		Tú	salga
Nosotros	valgamos		Nosotros	salgamos
Vosotros	valgáis		Vosotros	salgáis
Ellos	valgan		Ellos	salgan

MODO IMPERATIVO

Val o vale tú	Sal tú
Valga él	Salga él
Valgamos nosotros	Salgamos nosotros
Valgan ellos	Salgan ellos

Tiempos del tercer grupo
Futuro imperfecto de indicativo

Yo	valdré		Yo	saldré
Tú	valdrás		Tú	saldrás
El	valdrá		El	saldrá
Nosotros	valdremos		Nosotros	saldremos
Vosotros	valdréis		Vosotros	saldréis
Ellos	valdrán		Ellos	saldrán

POTENCIAL SIMPLE

Yo	valdría		Yo	saldría
Tú	valdrías		Tú	saldría
El	valdría		El	saldría
Nosotros	valdríamos		Nosotros	saldríamos
Vosotros	valdríais		Vosotros	saldríais
Ellos	valdrían		Ellos	saldrían

c) Ninguna de las dos formas de la segunda persona de singular del modo imperativo de valer suele emplearse sin los pronombres me, te, nos; v.gr.: valme o váleme, valte o válete, valnos o válenos.

Tienen irregularidad propias o especiales los verbos siguientes:

1.- a)   ## ANDAR

Tiempos del segundo grupo
Pretérito indefinido

Yo	anduve	Nosotros	anduvimos
Tú	anduviste	Vosotros	anduvisteis
El	anduvo	Ellos	anduvieron

Pretérito imperfecto de subjuntivo

Yo	anduviera o anduviese	Nos.	anduviéramos o anduviésemos
Tú	anduvieras o anduvieses	Vos.	anduvierais o anduvieseis
El	anduviera o anduviese	Ellos	anduvieran o anduviesen

Futuro imperfecto de subjuntivo

Yo	anduviere	Nosotros	anduviéremos
Tú	anduvieres	Vosotros	anduviereis
El	anduviere	Ellos	anduvieren

b) Es indudable que las formas irregulares de este verbo nacieron por imitación de las correspondientes del verbo *haber*. Nótese que éste se escribía antiguamente con *v* en lugar de *b*, y de ahí *anduve*, *anduviera*, *anduviese* y *anduviere*, como *hube*, *hubiera*, *hubiese* y *hubiere*.

c) Lo mismo se conjuga su compuesto desandar.

2.- a)   ## ASIR

Tiempos del primer grupo
Presente de indicativo
Yo asgo

Presente de subjuntivo

Yo	asga	Nosotros	asgamos
Tú	asgas	Vosotros	asgáis
El	asga	Ellos	asgan

Asga él   Asgamos nosotros
                                          Asgan ellos

b) Estos tiempos y personas del verbo asir, que son de muy poco uso, toman una *g* después de la *s* radical, lo mismo que los de la clase XII la toman después de la *l*.

c) Lo mismo se conjuga su compuesto desasir.

3.- a)   **CABER**

Tiempos del primer grupo
Presente de indicativo
Yo quepo

Presente de subjuntivo

Yo	quepa	Nosotros	quepamos
Tú	quepas	Vosotros	quepáis
El	quepa	Ellos	quepan

MODO IMPERATIVO

Quepa él   Quepamos nosotros
                                          Quepan ellos

Tiempos del segundo grupo
Pretérito indefinido

Yo	cupe	Nosotros	cupimos
Tú	cupiste	Vosotros	cupisteis
El	cupo	Ellos	cupieron

Pretérito imperfecto de subjuntivo

Yo	cupiera o cupiese	Nos.	cupiéramos o cupiésemos
Tú	cupieras o cupieses	Vos.	cupierais o cupieseis
El	cupiera o cupiese	Ellos	cupieran o cupiesen

Futuro imperfecto de subjuntivo

Yo	cupiere	Nosotros	cupiéremos
Tú	cupieres	Vosotros	cupiereis
El	cupiere	Ellos	cupieren

Tiempos del tercer grupo
Futuro imperfecto de indicativo

Yo	cabré	Nosotros	cabremos
Tú	cabrás	Vosotros	cabréis
El	cabrá	Ellos	cabrán

POTENCIAL SIMPLE

Yo	cabría	Nosotros	cabríamos
Tú	cabrías	Vosotros	cabríais
El	cabría	Ellos	cabrían

b) En los tiempos del primer grupo cambia este verbo su radical *cab* en *quep* ante desinencia *o, a*; en los del segundo grupo la cambia en *cup*, y tiene además en la primera y tercera persona de singular del pretérito indefinido (*cupe, cupo*) las desinencias *e, o* sin acento, en vez de las regulares *í, ió* acentuadas; en los tiempos del tercer grupo pierde la e del infinitivo radical (*cabré* en vez de *caberé*, etc.).

4.- a)   # CAER

Tiempos del primer grupo
Presente de Indicativo
Yo caigo

Presente de subjuntivo

Yo	caiga	Nosotros	caigamos
Tú	caigas	Vosotros	caigáis
El	caiga	Ellos	caigan

MODO IMPERATIVO

Caiga él

Caigamos nosotros
Caigan ellos

b) Toma en estas personas una *i* y una *g* después de la *a* radical ante las vocales *o, a* de las desinencias.

c) La misma irregularidad tienen sus compuestos *decaer* y *recaer*.

5.- a)   # DAR

Tiempos del primer grupo
Presente de indicativo
Yo doy

Tiempos del segundo grupo
Pretérito indefinido

Yo	di	Nosotros	dimos
Tú	diste	Vosotros	disteis
El	dio	Ellos	dieron

Pretérito imperfecto de subjuntivo

Yo	diera o diese	Nos.	diéramos o diésemos
Tú	dieras o dieses	Vos.	dierais o dieseis
El	diera o diese	Ellos	dieran o diesen

Futuro Imperfecto de subjuntivo

Yo	diere	Nosotros	diéremos
Tú	dieres	Vosotros	diereis
El	diere	Ellos	dieren

b) En los tiempos del primer grupo no tiene otra irregularidad que la de tomar una y en la primera persona de singular del presente de indicativo (doy). En los del segundo toma las desinencias de los verbos de la segunda y tercera conjugación, en vez de tomar las de los de la primera. Además, las personas de singular y la tercera de plural de los presentes de indicativo, subjuntivo e imperativo son llanas en los verbos regulares; pero en éste necesariamente han de ser agudas, por constar de una sola sílaba; doy, das, da, dan; dé, des, dé, den; da, dé, den.

6.- a)   DECIR

Tiempos del primer grupo
Presente de indicativo

Yo	digo	El	dice
Tú	dices	Ellos	dicen

Presente de subjuntivo

Yo	diga	Nosotros	digamos
Tú	digas	Vosotros	digáis
El	diga	Ellos	digan

MODO IMPERATIVO

Di tú	Digamos nosotros
Diga él	Digan ellos

Tiempos del segundo grupo
Pretérito indefinido

Yo	dije	Nosotros	dijimos
Tú	dijiste	Vosotros	dijisteis
El	dijo	Ellos	dijeron

Pretérito Imperfecto de subjuntivo

Yo	dijera o dijese	Nos.	dijéramos o dijésemos
Tú	dijeras o dijeses	Vos.	dijerais o dijeseis
El	dijera o dijese	Ellos	dijeran o dijesen

Futuro Imperfecto de subjuntivo

Yo	dijere	Nosotros	dijéremos
Tú	dijeres	Vosotros	dijereis
El	dijere	Ellos	dijeren

Gerundio:
Diciendo

Tiempos del tercer grupo
Futuro Imperfecto de Indicativo

Yo	diré	Nosotros	diremos
Tú	dirás	Vosotros	diréis
El	dirá	Ellos	dirán

POTENCIAL SIMPLE

Yo	diría	Nosotros	diríamos
Tú	dirías	Vosotros	diríais
El	diría	Ellos	dirían

b) En los tiempos del primer grupo tiene *i* por *e* en la sílaba radical, cuando sobre ella carga el acento; cambia, además, la *c* en *g* ante las vocales *o*, *a* de las desinencias, y la pierde, junto con la desinencia *e*, en la segunda persona de singular del imperativo (*di* por *dice*). En los tiempos del segundo grupo tiene la radical *dij*, que no admite la *i* de las desinencias *ió*, *ieron*, *iera*, *iese*, *iere*; y en la primera y tercera persona de singular del pretérito indefinido tiene las desinencias graves *e*, *o* (*dije*, *dijo*), en vez de las agudas *í*, *ió*. En los tiempos del tercer grupo la radical *decir* queda sincopada en *dir* (*diré* por *deciré*, *diría* por *deciría*).

c) Los verbos compuestos de *decir*, como *bendecir*, *contradecir*, *maldecir*, etc., tienen las mismas irregularidades que el simple, exceptuados los tiempos del tercer grupo (*bendeciré, bendecirás,* etc.; *bendeciría, bendecirías,* etc.), que son regulares y la segunda persona de singular del modo imperativo (*bendice tú, maldice tú,* etc.), en que no se apocopa la sílaba *ce.*

d) También suele usarse el futuro imperfecto de indicativo de alguno de estos verbos con la irregularidad de *decir* en el mismo tiempo. Léese, por ejemplo, en la *Guía de Pecadores,* de Fr. Luis de Granada (lib. II, cap. VII, párrafo I), *maldirás;* en el mismo libro (cap. VIII), *maldirá;* y en la comedia Tinelaria, de Torres Naharro (jornada III), *maldiremos.*

e) *Decir* y sus compuestos, exceptuados *bendecir* y *maldecir,* tienen un solo participio irregular; *bendecir* y *maldecir* tienen dos, regular el uno e irregular el otro.

7.- a)   ERGUIR

Tiempos del primer grupo
Presente de indicativo

Yo	irgo o yergo	El	irgue o yergue
Tú	irgues o yergues	Ellos	irguen o yerguen

Presente de subjuntivo

Yo	irga o yerga	Nosotros	irgamos o yergamos
Tú	irgas o yergas	Vosotros	irgáis o yergáis
El	irga o yerga	Ellos	irgan o yergan

MODO IMPERATIVO

Irgue o yergue tú	Irgamos o yergamos nosotros
Irga o yerga él	Irgan o yergan ellos

Tiempos del segundo grupo
Pretérito indefinido

El	irguió	Ellos	irguieron

Pretérito imperfecto de subjuntivo

Yo	irguiera o irguiese	Nos.	irguiéramos o irguiésemos
Tú	irguieras o irguieses	Vos.	irguierais o irguieses
El	irguiera o irguiese	Ellos	irguieran o irguiesen

Futuro imperfecto de subjuntivo

Yo	irguiere	Nosotros	irguiéremos
Tú	irguieres	Vosotros	irguiereis
El	irguiere	Ellos	irguieren

Gerundio:
Irguiendo

b) En los tiempos del primer grupo diptonga la *e* en *ie* (escrito *ye*), como los de la clase I, o la debilita en *i*, como los de la VI. En los del segundo la debilita también en *i*, como los de la VI.

c) Este verbo se ha considerado como defectivo sólo por no contar con autoridad bastante el empleo de la primera persona del presente de indicativo; pero conjugándose en todas las demás, no parece que hay razón para que no pueda usarse en aquélla ni para comprenderle en la clase de los defectivos.

8.- a)

ESTAR

Tiempos del primer grupo
Presente de Indicativo

Yo	estoy		
Tú	estás		
El	está	Ellos	están

Presente de subjuntivo

Yo	esté		
Tú	estés		
El	esté	Ellos	estén

MODO IMPERATIVO

Está tú

Esté él   Estén ellos

Tiempos del segundo grupo
Pretérito indefinido

Yo	estuve	Nosotros	estuvimos
Tú	estuviste	Vosotros	estuvisteis
El	estuvo	Ellos	estuvieron

Pretérito imperfecto de subjuntivo

Yo	estuviera o estuviese	Nos.	estuviéramos o estuviése-mos
Tú	estuvieras o estuvieses	Vos.	estuvierais o estuvieseis
El	estuviera o estuviese	Ellos	estuvieran o estuviesen

Futuro imperfecto de subjuntivo

Yo	estuviere	Nosotros	estuviéremos
Tú	estuvieres	Vosotros	estuviereis
El	estuviere	Ellos	estuvieren

b) Este verbo toma, como *dar*, una *y* en la primera persona de singular del presente de indicativo, y tiene agudas las tres de singular y terceras de plural de los tiempos del primer grupo. En los del tercero toma las mismas desinencias que el verbo *andar*.

9.- a) # HACER

Tiempos del primer grupo
Presente de Indicativo
Yo hago

Presente de subjuntivo

Yo	haga	Nosotros	hagamos
Tú	hagas	Vosotros	hagáis
El	haga	Ellos	hagan

MODO IMPERATIVO

Haz tú	Hagamos nosotros
Haga él	Hagan ellos

Tiempos del segundo grupo
Pretérito Indefinido

Yo	hice	Nosotros	hicimos
Tú	hiciste	Vosotros	hicisteis
El	hizo	Ellos	hicieron

Pretérito imperfecto de subjuntivo

Yo	hiciera o hiciese	Nosotros	hiciéramos o hiciésemos
Tú	hicieras o hicieses	Vosotros	hicierais o hicieseis
El	hiciera o hiciese	Ellos	hicieran o hiciesen

Futuro imperfecto de subjuntivo

Yo	hiciere	Nosotros	hiciéremos
Tú	hicieres	Vosotros	hiciereis
El	hicierse	Ellos	hicieren

Tiempos del tercer grupo
Futuro imperfecto de indicativo

Yo	haré	Nosotros	haremos
Tú	harás	Vosotros	haréis
El	hará	Ellos	harán

POTENCIAL SIMPLE

Yo	haría	Nosotros	haríamos
Tú	harías	Vosotros	haríais
El	haría	Ellos	harían

b) En los tiempos del primer grupo cambia este verbo la *c* radical en *g* ante las vocales *o*, *a* de las desinencias; además, en la segunda persona de singular del imperativo cambia la *c* en *z* por regla ortográfica, y no toma la desinencia regular *e* (*haz* por *hace*). En los tiempos del segundo grupo tiene por radical *hic* (cuya *c*, por regla ortográfica, cambia en *z* en la tercera persona de singular del indefinido), y tiene las desinencias inacentuadas *e*, *o* (*hice*, *hizo*), en vez de las agudas *í*, *ió*. En los del tercer grupo pierde por síncopa la sílaba *ce* de su radical (*haré* por *haceré*, *haría* por *hacería*).

c) Su participio es irregular.

d) Conjúganse como *hacer* sus compuestos *contrahacer*, *deshacer*, etc., y asimismo *rarefacer* y *satisfacer*, los cuales conservan, en la segunda de las dos partes de que se componen, la *f* del latino *facere*, que también se conservó en el castellano anticuado *facer*. *Rarefacer* es de muy poco uso; *satisfacer* tiene dos formas en la segunda persona de singular del modo imperativo: *satisfaz* y *satisface*; pero en todo lo demás sigue, como ya se ha manifestado, la conjugación del simple *hacer*. Es, por tanto, reprensible decir *satisfaciera*, *satisfaciese*, etc.; *satisfaciere*, etc.; en vez de *satisficiera*, *satisficiese*, etc.; *satisficiere*, etc.

10.- a)   **IR**

Tiempos del primer grupo
Presente de indicativo

Yo	voy	Nosotros	vamos

| Tú | vas | Vosotros | vais |
| El | va | Ellos | van |

Presente de subjuntivo

Yo	vaya	Nosotros	vayamos
Tú	vayas	Vosotros	vayáis
El	vaya	Ellos	vayan

MODO IMPERATIVO

Ve tú	Vayamos nosotros
Vaya él	Id vosotros
	Vayan ellos

Pretérito imperfecto de indicativo

Yo	iba	Nosotros	íbamos
Tú	ibas	Vosotros	ibais
El	iba	Ellos	iban

Tiempos de segundo grupo
Pretérito indefinido

Yo	fui	Nosotros	fuimos
Tú	fuiste	Vosotros	fuisteis
El	fue	Ellos	fueron

Pretérito imperfecto de subjuntivo

Yo	fuera o fuese	Nos.	fuéramos o fuésemos
Tú	fueras o fueses	Vos.	fuerais o fueseis
El	fuera o fuese	Ellos	fueran o fuesen

Futuro imperfecto de subjuntivo

Yo	fuere	Nosotros	fuéremos
Tú	fueres	Vosotros	fuereis
El	fuere	Ellos	fueren

Gerundio:
Yendo

Tiempos del tercer grupo
Futuro imperfecto de indicativo

Yo	iré	Nosotros	iremos
Tú	irás	Vosotros	iréis
El	irá	Ellos	irán

POTENCIAL SIMPLE

Yo	iría	Nosotros	iríamos
Tú	irías	Vosotros	iríais
El	iría	Ellos	irían

b) En la Gramática histórica se explican las irregularidades de este verbo, formado de tres verbos latinos. Los tiempos del primer grupo, menos la segunda persona de plural del imperativo, tienen por radical *va*, que en el presente de indicativo se conjuga en un todo como dar, y en el de subjuntivo se convierte en *vay*. El imperfecto de indicativo (*iba*), la segunda persona de plural del imperativo (*id*), el participio (*ido*), el gerundio (*yendo*) y los tiempos del tecer grupo derivan del latín *ire*, así como los del tercero son enteramente iguales a los del verbo *ser*, cuyo mismo origen tienen.

11.- a) # OIR

Tiempos del primer grupo
Presente de indicativo

Yo	oigo		
Tú	oyes		
El	oye	Ellos	oyen

Presente de subjuntivo

Yo	oiga	Nosotros	oigamos
Tú	oigas	Vosotros	oigáis
El	oiga	Ellos	oigan

MODO IMPERATIVO

| Oye tú | Oigamos nosotros |
| Oiga él | Oigan ellos |

b) En los tiempos del primer grupo toma este verbo una *i* y una *g* (*oigo*) ante las desinencias *o*, *a*, y sólo *i* cambiada en *y* ante desinencia que empiece por *e*.

c) En el pretérito y futuro imperfectos de subjuntivo y en el gerundio, que son *oyera* y *oyese*, *oyeras* y *oyeses*, etc.; *oyere*, *oyeres*, etc., y *oyendo*, no hay irregularidad.

d) Como *oír* se conjugan sus compuestos *desoír*, *entreoír* y *trasoír*.

PLACER

a) Por la especial irregularidad de este verbo en los tiempos y personas en que toma las radicales *pleg* y *plug*, verbigracia, *plegue* o *plega* y *plugo*, por haberse usado más generalmente en estas formas como impersonal, y por existir en nuestra lengua otros de idéntico o análogo significado que no ofrecen en su conjugación dificultad ninguna, hoy no suele emplearse dicho verbo sino en terceras personas de singular con las radicales antes expresadas.

b) Sin duda por esta misma especial irregularidad fue vario en lo antiguo el uso de *placer* y de su compuesto *desplacer*. Además de la formas *place*, *plugo*, *plega* o *plegue*, *pluguiera*, *pluguiese* y *plugiere*, frecuentemente empleadas en toda época, usábanse, por ejemplo, *placía*, *plació*, *pluguieron*, *placerá*, *plazca*, *plací*, *placiendo*, *placido*, *desplace*, *desplacía*, *desplació*, *desplugo*, *desplacerán*, *desplaciere*.

Presente de subjuntivo
Tercera persona de singular
Plega, plegue o plazca

Pretérito indefinido
Terceras personas

Plugo o plació   Pluguieron o placieron

Pretérito imperfecto de subjuntivo
Tercera persona de singular
Pluguiera o placiera, pluguiese o placiese

Futuro imperfecto de subjuntivo
Tercera persona de singular
Pluguiere o placiere

13.- a) **PODER**

Tiempos del primer grupo
Presente de Indicativo

Yo   puedo
Tú   puedes
El   puede   Ellos   pueden

Presente de subjuntivo

Yo	pueda		
Tú	puedas		
El	pueda	Ellos	puedan

MODO IMPERATIVO

Puede tú

Pueda él   Puedan ellos

Tiempos del segundo grupo
Pretérito indefinido

Yo	pude	Nosotros	pudimos
Tú	pudiste	Vosotros	pudisteis
El	pudo	Ellos	pudieron

Pretérito imperfecto de subjuntivo

Yo	pudiera o pudiese	Nos.	pudiéramos o pudiésemos
Tú	pudieras o pudieses	Vos.	pudierais o pudieseis
El	pudiera o pudiese	Ellos	pudieran o pudiesen

Futuro imperfecto de subjuntivo

Yo	pudiere	Nosotros	pudiéremos
Tú	pudieres	Vosotros	pudiereis
El	pudiere	Ellos	pudieren

Gerundio:
Pudiendo

Tiempos del tercer grupo
Futuro imperfecto de Indicativo

Yo	podré	Nosotros	podremos
Tú	podrás	Vosotros	podréis
El	podrá	Ellos	podrán

POTENCIAL SIMPLE

Yo	podría	Nosotros	podríamos
Tú	podrías	Vosotros	podríais
El	podría	Ellos	podrían

b) En los tiempos del primer grupo diptonga este verbo la *o* en *ue*, como los de la clase II. En los del tercero la debilita en *u*, como los de la XI, y tiene las desinencias inacentuadas *e*, *o* (*pude*, *pudo*), en vez de las regulares *í, ió* agudas. En los tiempos del tercer grupo, pierde la *e* del infinitivo radical (*podré* por *poderé*, *podría* por *podería*).

14.- **PODRIR O PUDRIR**

a) Este verbo se ha usado por buenos escritores, y aún sigue usándose generalmente, con *o* o con *u* en el infinitivo y en varios de los tiempos de su conjugación, la cual ha creído deber fijar la Academia, prefiriendo la *u* a la *o* en todos los modos, tiempos y personas, exceptuados tan sólo el infinitivo, que puede ser indistintamente *podrir* o *pudrir*, y el participio pasivo (*podrido*), que nunca o rara vez se habrá usado con *u*. Con esto se logran dos ventajas: convertir en casi regular un verbo que por su arbitraria conjugación no lo era, y evitar que en alguno de sus tiempos (*podría, podrías,* etc.) se confunda con el verbo *poder*.

b) Lo mismo puede conjugarse su compuesto *repodrir* o *repudrir*.

15.- a) **PONER**

Tiempos del primer grupo
Presente de indicativo
Yo pongo

Presente de subjuntivo

Yo	ponga	Nosotros	pongamos
Tú	pongas	Vosotros	pongáis
El	ponga	Ellos	pongan

MODO IMPERATIVO

Pon tú	Pongamos nosotros
Ponga él	Pongan ellos

Tiempos del segundo grupo
Pretérito indefinido

Yo	puse	Nosotros	pusimos
Tú	pusiste	Vosotros	pusisteis
El	puso	Ellos	pusieron

Pretérito imperfecto de subjuntivo

Yo	pusiera o pusiese	Nos.	pusiéramos o pusiésemos
Tú	pusieras o pusieses	Vos.	pusierais o pusieseis
El	pusiera o pusiese	Ellos	pusieran o pusiesen

Futuro imperfecto de subjuntivo

Yo	pusiere	Nos.	pusiéremos
Tú	pusieres	Vos.	pusiereis
El	pusiere	Ellos	pusieren

Tiempos del tercer grupo

Yo	pondré	Nos.	pondremos
Tú	pondrás	Vos.	pondréis
El	pondrá	Ellos	pondrán

POTENCIAL SIMPLE

Yo	pondría	Nos.	pondríamos
Tú	pondrías	Vos.	pondríais
El	pondría	Ellos	pondrían

b) En los tiempos del primer grupo tiene este verbo la misma irregularidad que los de la clase XII, o sea, toma una *g* después de la *n* radical ante las desinencias *o*, *a*, y pierde la desinencia *e* en la segunda persona de singular del imperativo (*pon* por *pone*). En los del segundo grupo tiene por radical *pus* en vez de *pon*, y toma a las desinencias inacentuadas *e*, *o* (*puse*, *puso*), en vez de las regulares *í*, *ió* agudas. En los tiempos del tercer grupo pierde la *e* de su radical *poner*, y en su lugar admite una *d* (*pondré* por *poneré*, *pondría* por *ponería*).

c) Su participio es irregular: puesto.

d) Conjúganse como *poner* sus compuestos *anteponer*, *componer*, *deponer*, *presuponer*, etc.

16.- a)   # QUERER

Tiempos del primer grupo
Presente de indicativo

Yo	quiero		
Tu	quieres		
El	quiere	Ellos	quieren

Presente de subjuntivo

Yo	quiera		
Tú	quieras		
El	quiera	Ellos	quieran

MODO IMPERATIVO

Quiere tú
Quiera él   Quieran ellos

Tiempos del segundo grupo
Pretérito indefinido

Yo	quise	Nosotros	quisimos
Tú	quisiste	Vosotros	quisisteis
El	quiso	Ellos	quisieron

Pretérito imperfecto de subjuntivo

Yo	quisiera o quisiese	Nos.	quisiéramos o quisiésemos
Tú	quisieras o quisieses	Vos.	quisierais o quisieseis
El	quisiera o quisiese	Ellos	quisieran o quisiesen

Futuro imperfecto de subjuntivo

Yo	quisiere	Nos.	quisiéremos
Tú	quisieres	Vos.	quisiereis
El	quisiere	Ellos	quisieren

Tiempos de tercer grupo
Futuro imperfecto de indicativo

Yo	querré	Nosotros	querremos
Tú	querrás	Vosotros	querréis
El	querrá	Ellos	querrán

POTENCIAL SIMPLE

Yo	querría	Nosotros	querríamos
Tú	querrías	Vosotros	querríais
El	querría	Ellos	querrían

b) Este verbo diptonga la *e* en *ie*, como los de la clase I, en los tiempos del primer grupo. En los del segundo tiene por radical *quis* en vez de *quer*, y toma las desinencias inacentuadas *e*, *o* (*quise*, *quiso*), en vez de las regulares, *í*, *ió* agudas. En los del tercero pierde la *e* del infinitivo radical (*querré* por *quereré*, *querría* por *querería*).

c) Conjúganse como *querer* sus compuestos *bienquerer* y *malquerer*.

17.- a)   **SABER**

Tiempos del primer grupo
Presente de indicativo
Yo sé

76

Presente de subjuntivo

Yo	sepa	nosotros	sepamos
Tú	sepas	Vosotros	sepáis
El	sepa	Ellos	sepan

MODO IMPERATIVO

Sepamos nosotros

Sepa él

Sepan ellos

Tiempos del segundo grupo
Pretérito indefinido

Yo	supe	Nosotros	supimos
Tú	supiste	Vosotros	supisteis
El	supo	Ellos	supieron

Pretérito imperfecto de subjuntivo

Yo	supiera o supiese	Nos.	supiéramos o supiésemos
Tú	supieras o supieses	Vos.	supierais o supieseis
El	supiera o supiese	Ellos	supieran o supiesen

Futuro imperfecto de subjuntivo

Yo	supiere	Nosotros	supiéremos
Tú	supieres	Vosotros	supiereis
El	supiere	Ellos	supieren

Tiempos del tercer grupo
Futuro imperfecto de indicativo

Yo	sabré	Nosotros	sabremos
Tú	sabrás	Vosotros	sabréis
El	sabrá	Ellos	sabrán

POTENCIAL SIMPLE

Yo	sabría	Nosotros	sabríamos
Tú	sabrías	Vosotros	sabríais
El	sabría	Ellos	sabrían

b) Este verbo, en la primera persona de singular del presente de indicativo, hace *sé* en vez de *sabo*, y cambia su radical en *sep* en el presente de subjuntivo y en la tercera persona de singular y primera y tercera de plural del modo imperativo. La cambia en *sup* en los tiempos del segundo grupo, y toma las desinencias graves *e, o* (*supe, supo*), en vez de las regulares *í, ió* agudas. En los tiempos del tercer grupo (*sabré* por *saberé, sabría* por *sabería*) pierde la *e* del infinitivo radical.

c) Lo mismo se conjuga su compuesto *resaber*.

18.- a)

TENER

Tiempos de primer grupo
Presente de indicativo

Yo	tengo		
Tú	tienes		
El	tiene	Ellos	tienen

Presente de subjuntivo

Yo	tenga	Nosotros	tengamos
Tú	tengas	Vosotros	tengáis
El	tenga	Ellos	tengan

MODO IMPERATIVO

Ten tú	Tengamos nosotros
Tenga él	Tengan ellos

Tiempos del segundo grupo
Pretérito indefinido

Yo	tuve	Nosotros	tuvimos
Tú	tuviste	Vosotros	tuvisteis
El	tuvo	Ellos	tuvieron

Préterito imperfecto de subjuntivo

Yo	tuviera o tuviese	Nos.	tuviéramos o tuviésemos
Tú	tuvieras o tuvieses	Vos.	tuvierais o tuvieseis
El	tuviera o tuviese	Ellos	tuvieran o tuviesen

Futuro imperfecto de subjuntivo

Yo	tuviere	Nosotros	tuviéremos
Tú	tuvieres	Vosotros	tuviereis
El	tuviere	Ellos	tuvieren

Tiempos de tercer grupo
Futuro imperfecto de indicativo

Yo	tendré	Nosotros	tendremos
Tú	tendrás	Vosotros	tendréis
El	tendrá	Ellos	tendrán

Yo	tendría	Nosotros	tendríamos
Tú	tendrías	Vosotros	tendríais
El	tendría	Ellos	tendrían

b) En los tiempos del primer grupo, admite este verbo, lo mismo que *poner*, una *g* después de la *n* radical ante las desinencias *o*, *a*, y diptonga además la *e* en *ie* en la segunda y tercera persona de singular y tercera de plural del presente de indicativo. En los del segundo grupo tiene por radical *tuv* en vez de *ten*, y toma las desinencias inacentuadas *e*, *o* (*tuve, tuvo*) en vez de las regulares *í, ió* agudas. En los del tercer grupo cambia, como poner, la *e* del infinitivo radical, y en su lugar admite una *d* (*tendré* por *teneré*, *tendría* por *tenería*).

c) Conjúganse como tener sus compuestos *atenerse, contener, detener, entretener, mantener*, etc.

19.- a)   **TRAER**

Tiempos de primer grupo
Presente de indicativo
Yo traigo

Presente de subjuntivo

Yo	traiga	Nosotros	traigamos
Tú	traigas	Vosotros	traigáis
El	traiga	Ellos	traigan

MODO IMPERATIVO

Traigamos nosotros

Traiga él   Traigan ellos

Tiempos del segundo grupo
Pretérito indefinido

Yo	traje	Nosotros	trajimos
Tú	trajiste	Vosotros	trajisteis
El	trajo	Ellos	trajeron

Pretérito imperfecto de subjuntivo

Yo	trajera o trajese	Nos.	trajéramos o trajésemos
Tú	trajeras o trajeses	Vos.	trajerais o trajeseis
El	trajera o trajese	Ellos	trajeran o trajesen

Futuro imperfecto de subjuntivo

Yo	trajere	Nosotros	trajéremos
Tú	trajeres	Vosotros	trajereis
El	trajere	Ellos	trajeren

b) Este verbo admite después de la *a* radical el sonido *ig* ante las desinencias *o*, *a* en los tiempos del primer grupo. En los del segundo su radical es *traj* en vez de *tra*, y no tiene la *i* de las desinencias *ió*, *ieron*, *iera*, *iese*, *iere*. Además, en la primera y tercera persona de singular del pretérito indefinido (*traje*, *trajo*) tiene las desinencias *e*, *o* inacentuadas, en vez de las regulares *i*, *ió* agudas.

c) Conjúganse como *traer* sus compuestos *atraer*, *contraer*, *distraer*, etc.

20.- a)

VENIR

Tiempos del primer grupo
Presente del indicativo

Yo	vengo		
Tú	vienes		
El	viene	Ellos	vienen

Presente de subjuntivo

Yo	venga	Nosotros	vengamos
Tú	vengas	Vosotros	vengáis
El	venga	Ellos	vengan

MODO IMPERATIVO

Ven tú	Vengamos nosotros
Venga él	Vengan ellos

Tiempos del segundo grupo
Pretérito indefinido

Yo	vine	Nosotros	vinimos
Tú	viniste	Vosotros	vinisteis
El	vino	Ellos	vinieron

Pretérito imperfecto de subjuntivo

Yo	viniera o viniese	Nos.	viniéramos o viniésemos
Tú	vinieras o vinieses	Vos.	vinierais o vinieseis
El	viniera o viniese	Ellos	vinieran o viniesen

Futuro imperfecto de subjuntivo

Yo	viniere	Nosotros	viniéremos
Tú	vinieres	Vosotros	viniereis
El	viniere	Ellos	vinieren

Gerundio:
viniendo

Tiempos del tercer grupo
Futuro imperfecto de indicativo

Yo	vendré	Nosotros	vendremos
Tú	vendrás	Vosotros	vendréis
El	vendrá	Ellos	vendrán

POTENCIAL SIMPLE

Yo	vendría	Nosotros	vendríamos
Tú	vendrías	Vosotros	vendríais
El	vendría	Ellos	vendrían

b) En los tiempos del primer grupo tiene este verbo las mismas irregularidades que *tener*. En los del segundo su radical es *vin* por *ven*, y tiene las desinencias graves *e, o* (*vine, vino*), en vez de las regulares *i, ió* agudas. En los tiempos del tercer grupo pierde la *i* de su infinitivo radical, y en su lugar admite una *d* (*vendré, vendría* por *veniré, veniría*).

c) Conjúganse como venir sus compuestos *avenir, convenir, intervenir, prevenir, reconvenir*, etc.

21.- a) **VER**

Tiempos del primer grupo
Presente de indicativo
Yo veo

Presente de subjuntivo

Yo	vea	Nosotros	veamos
Tú	veas	Vosotros	veáis
El	vea	Ellos	vean

MODO IMPERATIVO

	Veamos nosotros
Vea él	Vean ellos

b) La irregularidad del verbo *ver* consiste en la *e* de estos tiempos y personas; *e* que era letra radical en la forma anticuada *veer* y que ha desaparecido en la moderna *ver*.

c) La segunda persona de singular y las terceras de singular y plural del presente de indicativo y la segunda de singular del imperativo, que son llanas en los verbos regulares, en éste necesariamente han de ser agudas, por constar de una sola sílaba: *ves, ve, ven; ve*.

d) Su participio es irregular: *visto*.

e) Conjúganse como este verbo sus compuestos *antever, entrever, prever* y *rever*. Debe, por consiguiente, decirse: *prevés, prevé*, etc.; *preví, previste, previó*, etc.; *previendo*, y no *prevees, prevee*, etc.; *preveí, preveíste, preveyó*, etc.; *preveyendo*.

22.- a) **YACER**

Tiempos del primer grupo
Presente de indicativo

Yo   yazco, yazgo o yago

Presente de subjuntivo

Yo	yazca, yazga o yaga	Nos. yazcamos, yazgamos o yagamos
Tú	yazcas, yazgas o yagas	Vos. yazcáis, yazgáis o yagáis
El	yazca, yazga o yaga	Ellos yazcan, yazgan o yagan

MODO IMPERATIVO

Yace o yaz tú	Yazcamos, yazgamos o yagamos nosotros
Yazca, yazga o yaga él	Yazcan, yazgan o yagan ellos

b) Las tres distintas formas con que se usa este verbo en los tiempos del primer grupo coresponden a las de *nacer* y demás verbos de su clase, y a las de *hacer* y sus compuestos en los mismos tiempos citados. Tomando una *z* antes de la *e* radical, como en *yazco*, asimílase a *nacer* (*nazco*); cambiando la *c* en *g*, como en *yago*, conviene con *hacer* (*hago*); y admitiendo la *z* antes de la *c* y cambiando esta última letra en *g*, como en *yazgo*, participa de entrambos distintos géneros de irregularidad.

Resumen de las irregularidades de los verbos

A.- Irregularidades por aumento o diptongación de la vocal radical.

Diptongan en *ie* la e radical:

a) Los de la I clase - *Acertar: acierto, aciertas,acierta, aciertan, acierte, aciertes, acierte, acierten; acierta, acierte, acierten.*

b) Los de la VIII.-*Sentir, siento, sientes, siente, sienten; sienta, sientas, sienta, sientan, siente, sienta, sienta.*

c) *Erguir: yergo, yergues, yergue, yerguen; yerga, yergas,* etcétera; *yergue, yerga, yergamos, yergan.*

d) *Querer: quiero, quieres, quiere, quieren; quiera, quieras, quiera, quieran; quiere, quiera, quieran.*

e) *Tener: tienes, tiene, tienen.*

f) *Venir: vienes, viene, vienen.*

Diptongan en *ue* la o radical:

a) Los de la II clase.- *Contar: cuento, cuentas, cuenta, cuentan; cuente, cuentes, cuente, cuenten; cuenta, cuente, cuenten.*

b) Los de la XI.- *Dormir: duermo, duermes,duerme, duermen; duerma, duermas, duerma, duerman; duerme, duerma, duerman.*

c) *Poder: puedo, puedes, puede, pueden; pueda, puedas, pueda, puedan; puede, pueda,puedan.*

B.- Irregularidades por debilitación de la vocal radical

Debilitan en *i* la e radical:

a) Los de la VI clase.- *Pedir: pido, pides, pide, piden; pida, pidas,* etc.; *pide, pida, pidamos, pidan; pidió, pidieron; pidiera y pidiese, pidieras y pidieses,* etc.; *pidiere, pidieres,* etc.; *pidiendo.*

b) Los de la VII.- *Reír: río, ríes, ríe, ríen, ría, rías,* etc.; *ríe, ría, riamos, rían; rió, rieron; riera y riese, rieras y rieses,* etc.; *riere, rieres,* etc,; *riendo.*

c) Los de la VIII.- *Sentir: sintió, sintieron; sintiera y sintiese, sintieras y sintieses,* etc.; *sintiere, sintieres,* etc.; *sintiendo.*

d) *Decir: digo, dices, dice, dices; diga, digas,* etc.

e) *Erguir: irgo, irgues, irgue, irguen; irga, irgas,* etc.; *irgue, irga, irgamos, irgan; irguió, irguieron; irguiera* e *irguiese, irguieras* e *irguieses*, etc.; *irguiere, irguieres*, etc.; *irguiendo*.

f) *Venir: vine, viniste,* etc.; *viniera* y *viniese, vinieras* y *vinieses*, etc.; *viniere, vinieres*, etc.; *viniendo*.

Debilitan en *u* la *o* radical:

a) Los de la XI clase.- *Dormir: durmiendo; durmamos, durmáis; durmió, durmieron; durmiera* y *durmiese, durmieras* y *durmieses*, etc.; *durmiere, durmieres*, etc.

b) *Poder: pudiendo; pude, pudiste,* etc.; *pudiera* y *pudiese, pudieras* y *pudieses*, etc.; *pudiere, pudieres*, etc.

C.- Irregularidades por cambio de vocal

Tienen *e* en vez de *a* radical:

a) *Caber: quepo; quepa, quepas,*etc.; *quepa, quepamos, quepan.*
b) *Placer: plega* o *plegue.*
c) *Saber: sepa, sepas,* etc.; *sepamos, sepan.*

D.- Irregularidades por cambio de consonante en los tiempos del primer grupo

Tienen *g* en vez de *c* radical:

a) *Decir: digo; diga, digas,* etc.; *diga, digamos, digan.*
b) *Hacer: hago; haga, hagas,* etc.; *haga, hagamos, hagan.*
c) *Placer: plega* o *plegue.*
d) *Yacer: yago; yaga, yagas,* etc.; *yaga, yagamos, yagan.*

Tienen *p* en vez de *b* radical

a) *Caber: quepo; quepa, quepas,* etc.; *quepa, quepamos, quepan.* (También en los tiempos de segundo grupo)
b) *Saber: sepa, sepas,* etc.; *sepa, sepamos, sepan.* (También en los tiempos del segundo grupo)

E.- Irregularidades por adición de consonante en los tiempos del primer grupo

Admiten *g* antes de las vocales *o, a* de las desinencias:

a) Los de la XII clase.- *Valer: valgo; valga, valgas*, etc.; *valga, valgamos, valgan.*

b) *Asir: asgo; asga, asgas*, etc.; *asga, asgamos, asgan.*

c) *Poner: pongo; ponga, pongas*, etc.; *ponga, pongamos, pongan.*

d) *Tener: tengo; tenga, tengas*, etc.; *tenga, tengamos, tengan.*

e) *Venir: vengo; venga, vengas*, etc.; *venga, vengamos, vengan.*

Admiten *i* y *g* antes de las vocales *o, a* de las desinencias:

a) *Caer: caigo; caiga, caigas*, etc.; *caiga, caigamos, caigan.*

b) *Oír: oigo; oiga, oigas*, etc.; *oiga, oigamos, oigan.*

c) *Traer: traigo; traiga, traigas*, etc.; *traiga, traigamos, traigan.*

NOTA. Muchos de los verbos anteriores carecían antiguamente de la *g*; y así se decía *valo, vala*, etc.; *cayo, caya*, etc.;*oyo, oya*, etc.; *trayo, traya*, etc.; y no *valgo, valga, caigo*, etc.

Admiten *y* antes de las vocales *a, e, o* de las desinencias:

a) Los de la X clase.-*Huir: huyo, huyes, huye, huyen; huya, huyas*, etc.; *huye, huya, huyamos, huyan.*

b) *Oír* (sólo ante *e* y ante *o*): *oyes, oye, oyen; oye.*

Admiten *y* después de la desinencia regular;

a) *Dar: doy.*

b) *Estar: estoy.*

c) *Haber: hay* (además de *ha*).

d) *Ser: soy.*

e) *Ir: voy.*

NOTA. Antiguamente no tenían esta *y*. Decíase *do, estó, so, vo* y también *ha.*

Admiten *z* antes de la *c* radical cuando ésta tiene sonido fuerte:

a) Los de la III clase.- *Nacer: nazco; nazca, nazcas*, etc.; *nazca, nazcamos, nazcan.*

b) Los de la IV.- *Conducir: conduzco; conduzca, conduzcas*, etc.; *conduzca, conduzcamos, conduzcan.*

c) *Placer: plazco; plazca, plazcas*, etc.; *plazca, plazcamos, plazcan.*

d) *Yacer· yazco; yazca, yazcas*, etc.; *yazca, yazcamos, yazcan.*

F.- Irregularidades por ser distinta la radical

Tienen radical que no deriva del infinitivo castellano, sino directamente del latín, en los tienpos del segundo grupo:

a) *Hacer.- Hic: hice, hiciste,* etc.; *hiciera e hiciese, hicieras e hicieses,* etc.; *hiciere, hicieres,* etc.

b) *Decir.- Dij: dije, dijiste,* etc.; *dijera* y *dijese, dijeras* y *dijeses,* etc.; *dijere, dijeres,* etc.

c) *Conducir* y todos los terminados en *ducir,* que tienen esta radical en *-duj: conduje, condujiste,* etc.; *condujera* y *condujese, condujeras* y *condujeses,* etc.; *condujere, condujeres,* etc.

d) *Traer.- Traj: traje, trajiste,* etc.; *trajera, trajese, trajeras* y *trajeses,* etc.; *trajere, trajeres,* etc.

e) *Poner.- Pus: puse, pusiste,* etc.; *pusiera* y *pusiese, pusieras* y *pusieses,* etc.; *pusiere, pusieres,* etc.

f) *Querer.- Quis: quise, quisiste,* etc.; *quisiera* y *quisiese, quisieras* y *quisieses,* etc.; *quisiere, quisieres,* etc.

g) *Caber.- Cup: cupe, cupiste,* etc.; *cupiera* y *cupiese, cupieras* y *cupieses,* etc.; *cupiere, cupieres,* etc.

h) *Haber.- Hub: hube, hubiste,* etc.; *hubiera* y *hubiese, hubieras* y *hubieses,* etc.; *hubiere, hubieres,* etc.

i) *Placer.- Plug: plugo, pluguieron; pluguiera y pluguiese; plugiere.*

j) *Saber.- Sup: supe, supiste,* etc.; *supiera* y *supiese, supieras* y *supieses,* etc.; *supiere, supieres,* etc.

k) *Andar.- Anduv: anduve, anduviste,* etc.; *anduviera* y *anduviese, anduvieras* y *anduvieses,* etc.; *anduviere, anduvieres,* etc.

l) *Estar.- Estuv: estuve, estuviste,* etc.; *estuviera* y *estuviese, estuvieras* y *estuvieses,* etc.; *estuviere, estuvieres,* etc.

ll) *Tener.- Tuv: tuve, tuviste,* etc.; *tuviera* y *tuviese, tuvieras* y *tuvieses,* etc.; *tuviere, tuvieres,* etc.

m) *Ser.- Fu: fui, fuiste,* etc.; *fuera* y *fuese, fueras* y *fueses,* etcétera; *fuere, fueres,* etc.

NOTA. Las radicales con *u* tenían antiguamente *o* en vez de *u*; así, *copo, ovo, sopo,* etc.; por *cupo, hubo, supo,* etc.

G.- Irregularidades en las desinencias

Toman las desinencias *e, o* inacentuadas, en vez de las regulares *í, ió* agudas:

a) Los de la IV clase.- *Conducir: conduje, condujo.*
b) *Caber: cupe, cupo.*
c) *Decir: dije, dijo.*
d) *Haber: hube, hubo.*
e) *Hacer: hice, hizo.*
f) *Poder: pude, pudo.*
g) *Poner: puse, puso.*
h) *Querer: quise, quiso.*
i) *Saber: supe, supo.*
j) *Tener: tuve, tuvo.*
k) *Traer: traje, trajo.*
l) *Venir: vine, vino.*
ll) *Andar: anduve, anduvo.*
m) *Estar: estuve, estuvo.*

No tienen la *i* inicial de las desinencias en los tiempos del segundo grupo:

a) Los de la IV clase.- *Conducir: conduj-o, conduj-eron; conduj-era* y *conduj-ese, conduj-eras* y *conduj-eses,* etc.; *conduj-ere, condujeres,* etc.

b) Los de la V.- *Tañer: tañ-ó, tañ-eron; tañ-era* y *tañ-ese, tañ-eras* y *tañ-eses,* etc.; *tañ-ere, tañ-eres,* etc.; *tañ-endo.*

c) Los de la VII.- *Ceñir: ciñ-ó, ciñ-eron; ciñ-era* y *ciñ-ese, ciñ-eras* y *ciñ-eses,* etc.; *ciñ-ere, ciñ-eres,* etc.; *ciñ-endo.*

d) *Decir: dij-o, dij-eron; dij-era* y *dij-ese, dij-eras* y *dij-eses,* etcétera; *dij-ere, dij-eres,* etc.

e) *Traer: traj-o, traj-eron,* etc.; *traj-era* y *traj-ese, traj-eras* y *trajeses,* etc.; *traj-ere, traj-eres,* etc.

Pierden la desinencia *e* del imperativo:

a) Los de la XII clase.- *Salir: sal. Valer: val* (también *vale*).
b) *Hacer: haz.*
c) *Poner: pon.*
d) *Tener: ten.*
e) *Venir: ven.*
f) *Decir: di* por *dice.*

H.- Irregularidades por síncopa que sufre la radical en los tiempos del tercer grupo.

Pierden la *e* de la terminación *er* del infinitivo radical:

a) *Caber: cabr-é, cab-rás,* etc.; *cabr-ía, cabr-ías,* etc.
b) *Haber: habr-é, habr-ás,* etc.; *habr-ía, habr-ías,* etc.
c) *Poder: podr-é, podr-ás,* etc.; *podr-ía, podr-ías,* etc.
d) *Querer: querr-é, querr-ás,* etc.; *querr-ía, querr-ías,* etc.
e) *Saber: sabr-é, sabr-ás,* etc.; *sabr-ía, sabr-ías,* etc.

Pierden la e o la i de la misma radical y en su lugar interponen d:

a) Los de la XII clase.- *Valer: valdré, valdrás*, etc.; *valdría, valdrías*, etc.

b) *Poner: pondré, pondrás*, etc.; *pondría, pondrías*, etc.

c) *Tener: tendré, tendrás*, etc.; *tendría, tendrías*, etc.

d) *Venir: vendré, vendrás*, etc.; *vendría, vendrías*, etc.

Pierden la sílaba *ce* o las letras *ec* del infinitivo radical:

a) *Hacer: haré, harás*, etc.; *haría, harías*, etc.

b) *Decir: diré, dirás*, etc.; *diría, dirías*, etc.

Estudiados en su estructura todos los verbos no anticuados, resulta que son irregulares:

De la primera conjugación

a) De una sílaba: *dar*.

b) Con *a* en la penúltima: *andar* y su compuesto *desandar*.

c) Con *e*: varios terminados, por regla general, a contar desde esta *e*, en las mismas letras que otros que son regulares.

d) Con *o*: varios terminados, por regla general, a contar desde esta *o*, en las mismas letras que otros que son regulares.

e) Con *u*: *jugar*.

Nota. Con la *i* en la penúltima sílaba no hay ninguno irregular.

De la segunda conjugación

a) De una sílaba: *ser* y *ver*.

b) Con *a* en la penúltima: todos, menos *arder, barrer, lamer, relamer* y *precaver*.

c) Con *e*: terminados en *ecer* (menos *mecer* y *remecer*), *eller, ener, erder, erer, erner, erter*; los compuestos de ver, como *antever, heder, defender, hender*, y todos los que finalizan en *cender* y *tender* (menos *pretender*).

d) Con *o*: *poder* y los terminados en *ocer, oler, olver, oner, orcer, order* y *over*.

Nota. Ningún verbo en la segunda conjugación tiene *i* ni *u* en la penúltima sílaba.

De la tercera conjugación

   a) De una sílaba: *ir*.
   b) Con *a* en la penúltima: *asir* y su compuesto *desasir* y los terminados en *alir* y *añir*.
   c) Con *e*: todos, menos los terminados en *ergir*.
   d) Con *i*: los terminados en *iñir* e *irir*.
   e) Con *o*: *dormir, morir* y *oír* y los compuestos de estos tres verbos.
   f) Con *u*: los terminados en *ucir, unir* (menos *inmiscuir*), *ullir* y *uñir*.

Verbos Defectivos
o de Conjugación Incompleta

Los verbos defectivos, por el hecho de serlo, son de conjugación especial. Pero, además de esta circunstancia, muchos de ellos no conservan la raíz del infinitivo en todas sus formas y sus terminaciones no se acomodan a las de su conjugación.

   Por estas razones, los hemos dividido en tres clases: a) Los que en todas las formas en que se conjugan se ciñen a la conjugación común; b) Los que tienen terminaciones especiales y c) Los que tienen raíces especiales.

PRIMERA CLASE

PRIMERA ESPECIE.- La forman los verbos: *abolir, agredir, aguerrir, arrecirse, aterirse, blandir, balbucir, colorir, despavorir, empedernirse, florir y garantir*.

   Carácter común: Se conjugan en las formas en que la terminación comienza por *i*.

EJEMPLO: **ABOLIR**

Modo indicativo.- Presente: abolimos, abolís.
          Pretérito indefinido: abolí, aboliste, abolió, abolimos, abolisteis, abolieron.
          Imperfecto: abolía, abolías, abolía, abolíamos, abolíais, abolían.
          Futuro simple: aboliré, abolirás, abolirá, aboliremos, aboliréis, abolirán.

Potencial simple: aboliría, abolirías, aboliría, aboliríamos, aboliríais, abolirían.

Modo subjuntivo.- Imperfecto: abioliese, abolieses, aboliese, aboliésemos, abolieseis, aboliesen.

Aboliera, abolieras, aboliera, aboliéramos, abolierais, abolieran.

Futuro simple: aboliere, abolieres, aboliere, aboliéremos, aboliereis, abolieren.

Modo imperativo.- Futuro: abolid.

Gerundio: aboliendo.

Participio: abolido.

OBSERVACIONES.- Muchos de estos verbos se ciñen a este paradigma sólo en teoría. En ese caso se hallan especialmente: *arrecirse, colorir* y *blandir*.

De "aterir", "aguerrir", "despavorir" y "empedernirse", la única forma que se oye con alguna frecuencia es el participio, y el único tiempo, el pretérito perfecto.

La mayor parte de estos verbos ha cedido su lugar a sus sinónimos.

SEGUNDA ESPECIE.- La forman los verbos en *-oar: abarloar, croar, incoar* y *loar*.

Abarloar - situar un buque casi en contacto con otro, con una batería, muelle, etc.

Croar - cantar la rana

Incoar - iniciar un juicio o actuación judicial.

Loar - dar algo por bueno.

Carácter común: Carecen de la primera persona de singular del presente de indicativo y de la tercera de singular del pretérito indefinido; esto es: las formas en que la terminación es o.

En las demás, estos verbos pueden conjugarse, aunque el hecho no conste en documentos escritos, en todas sus formas.

TERCERA ESPECIE.- Se compone de los verbos: *adir, advenir, contraír, denegrir, deservir, embaír, escarnir, fruir, inserir, luir, ludir, manir, preterir* y *usucapir*.

Adir - admitir una herencia

Advenir - venir o llegar

Arrecirse - entumecerse

Contrair - oponerse, ir en contra
Denegrir - ennegrecer
Deservir - desobedecer, no servir
Embaír - ofuscarse, confundir, embaucar
Escarnir - hacer mofa o burla de otro
Fruir - gozar del bien que se ha deseado
Inservir - no servir
Ludir - frotar, estregar
Luir - rozar, frotar, ludir
Manir - permanecer, quedar
Preterir - hacer caso omiso de algo o de alguien
Usucapir - adquirir un derecho, de acuerdo con la ley
Aplacer - agradar, satisfacer
Empecer - empedecer, dañar, impedir, perjudicar

Carácter común: sólo se usan en el infinitivo, y aun esta forma, en varios de ellos, sólo consta en los diccionarios. "Preterir" y "manir" suelen también usarse en el participio.

SEGUNDA CLASE

PRIMERA ESPECIE.- La forman los verbos: *acaecer, acontecer, aplacer* y *empecer*.

Caracteres comunes: Se usan sólo en las terceras personas, con excepción de las del imperativo, el participio y el gerundio; en las formas en que se usan, se antepone una *k* a la terminación, imitando a los irregulares en *-ecer*.

EJEMPLO: **ACAECER**

Modo indicativo.- Presente: acaece, acaecen.
      Pretérito indefinido: acaeció, acaecieron.
      Imperfecto: acaecía, acaecían.
      Futuro simple: acaecerá, acaecerán.
      Potencial simple: acaecería, acaecerían.
Modo subjuntivo.- Presente: acaezca, acaezcan.
      Imperfecto: acaeciese, acaecieses;
      acaeciera, acaecieran.
      Futuro simple: acaeciere, acaecieren.
      Participio: acaecido.
      Gerundio: acaeciendo.

"Aplacer" y "empecer" son arcaísmos; su uso se halla limitado a las terceras personas, con excepción de las del pretérito indefinido, que no existen.

SEGUNDA ESPECIE.- La forma *atañer* y un verbo que carece de infinitivo y al cual pertenecen las formas que principian por *f* incluídas en la conjugación de "ser" y de "ir". Todas ellas son restos del antiguo verbo indogermánico "fuho".

Caracteres comunes: En las formas de pretérito indefinido y sus derivados pierden la *i* inicial de la terminación.

"Atañer" se usa sólo en las terceras personas, con excepción de las del imperativo. Pierde la *i* de las terminaciones *-ió, ieron, -iese, -iera*, etc., como todos los verbos en *-añer*.

De "fuho" son las siguientes formas:

Modo indicativo.- Pretérito indefinido: fui, fuiste, fue, fuimos, fuisteis, fueron.

Modo subjuntivo.- Imperfecto: fuese, fueses, fuese, fuésemos, fueseis, fuesen.

Fuera, fueras, fuera, fuéramos, fuerais, fueran.

Futuro simple: fuere, fueres, fuere, fuéremos, fuereis, fueren.

TERCERA CLASE

ESPECIE UNICA.- Se compone de los verbos *soler* y *concernir*.

Caracteres comunes: En las formas del presente de indicativo y sus derivados se diptonga la vocal radical.

a) "Soler" se usa en el presente e imperfecto de indicativo y en el participio, con el cual se forma únicamente el pretérito perfecto. El infinitivo ha desaparecido del lenguaje cotidiano y se le emplea nada más que para denominar el verbo.

Su conjugación es como sigue:

Modo indicativo.- Presente: suelo, sueles, suele, solemos, soléis, suelen.

Pretérito perfecto: he solido, has solido, ha solido, hemos solido, habéis solido, han solido.

Imperfecto: solía, solías, solía, solíamos, solían.

Participio: solido.

b) "Concernir" se usa en las terceras personas, menos en el imperativo. Con excepción del pretérito anterior, se conjuga también en los tiempos compuestos.

Modo indicativo.- Presente: concierne, conciernen.
       Pretérito indefinido: concernió, concernieron.
       Imperfecto: concernía, concernían.
       Potencial simple: concerniría, concernirían.
Modo subjuntivo.- Presente: concierna, conciernan.
       Imperfecto: concerniese, concernieses, concerniera, concernieran.
       Futuro simple: concerniere, concernieren.

el participio

El *participio* es una forma nominal del verbo.
Se llama participio porque *participa* de la naturaleza del verbo y del adjetivo.
Así, en *agua* corriente, el participio *corriente*, al mismo tiempo que califica al substantivo *agua*, como adjetivo, tiene el significado verbal de *correr*; *agua corriente* equivale a *agua que corre*.

El participio puede ser *activo* y *pasivo*.

Participio activo

El activo termina en ante, ente o iente, según pertenezca a verbos de la 1a., 2a. o 3a. conjugación. Se le llama activo, porque significa acción; v.gr.:
cantante (de cantar), *vertiente* (de verter), *hirviente* (de hervir).

Muchos verbos no tienen participio activo, y la mayor parte de éstos han perdido su carácter verbal y se han convertido unos en adjetivos y otros (pocos) en substantivos.
Adjetivos: *mercante, radiante, distante, ausente, viviente, luciente*, etc.
Substantivos: *estudiante, teniente, vertiente, pendiente, continente*, etc.

Participio pasivo

El participio pasivo expresa pasión y puede ser *regular* e *irregular*.
El participio pasivo regular termina en *ado* en los verbos de la 1a. conjugación, y en *ido* en los verbos de la 2a. y 3a.

El participio pasivo irregular termina en to, cho, so.
Los compuestos tienen la irregularidad de los simples.
Irreg. simple: *dicho, hecho, cubierto, puesto, vestido.*
Irreg. compto.: *predicho, deshecho, encubierto, depuesto, revestido.*

Verbos que sólo tienen participio irregular:

Abrir	abierto
Absolver	absuelto
Cubrir	cubierto
Decir	dicho
Escribir	escrito
Hacer	hecho
Imprimir	impreso
Morir	muerto
Poner	puesto
Solver	suelto
Resolver	resuelto
Ver	visto
Volver	vuelto

Los compuestos de estos verbos siguen la misma irregularidad:

Contrahacer	contrahecho
Rehacer	rehecho
Deponer	depuesto
Subscribir	subscrito
Proscribir	proscrito
Desdecir	desdicho
Contradecir	contradicho

Se exceptúan *bendecir* y *maldecir* que hacen *bendito* y *maldito*.

**Lista de verbos con dos participios pasivos,
uno regular y otro irregular:**

VERBO	P.P.REG.	P.P. IRREG.
Absorber	absorbido	absorto
Abstraer	abastraído	abstracto
Atender	atendido	atento
Bendecir	bendecido	bendito

Compeler	compelido	compulso
Comprimir	comprimido	compreso
Concluir	concluido	concluso
Confesar	confesado	confeso
Confundir	confundido	confuso
Contundir	contundido	contuso
Convencer	convencido	convicto
Consumir	consumido	consunto
Convertir	convertido	converso
Corregir	corregido	correcto
Corromper	corrompido	corrupto
Despertar	despertado	despierto
Difundir	difundido	difuso
Dirigir	dirigido	directo
Dividir	dividido	diviso
Elegir	elegido	electo
Enjugar	enjugado	enjuto
Excluir	excluido	excluso
Eximir	eximido	exento
Expeler	expelido	expulso
Expresar	expresado	expreso
Extender	extendido	extenso
Extinguir	extinguido	extinto
Fijar	fijado	fijo
Freír	freído	frito
Hartar	hartado	harto
Incluir	incluido	incluso
Incurrir	incurrido	incurso
Infundir	infundido	infuso
Injertar	injertado	injerto
Insertar	insertado	inserto
Invertir	invertido	inverso
Juntar	juntado	junto
Manifestar	manifestado	manifiesto
Nacer	nacido	nato
Oprimir	oprimido	opreso
Poseer	poseído	poseso
Prender	prendido	preso
Presumir	presumido	presunto
Pretender	pretendido	pretenso
Propender	propendido	propenso
Proveer	proveído	provisto

Recluir	recluído	recluso
Salvar	salvado	salvo
Sepultar	sepultado	sepulto
Soltar	soltado	suelto
Someter	sometido	sumiso
Sustituir	sustituído	sustituto
Sujetar	sujetado	sujeto
Suspender	suspendido	suspenso
Teñir	teñido	tinto
Torcer	torcido	tuerto

Participios deponentes son los participios que, con terminación pasiva, tienen significación activa.

Dormido	Fingido
Bebido	Porfiado
Descreído	Sentido
Entendido	Almorzado
Desconfiado	Comido
Recatado	Disimulado
Agradecido	Considerado
Leído	Sufrido
Desesperado	Precavido
Esforzado	Atrevido
Parecido	Osado
Resuelto	Acostumbrado
Alentado	Moderado
Callado	Presumido
Desprendido	Valido

Así: **acostumbrado** *es el que se acostumbra*; **descreído**, *el que no cree*; **valido** *es el que tiene valimiento*; **fingido**, *el que finge*.

Uso del Participio Pasivo

Usase el participio pasivo:

1º Como mero **adjetivo**, concertando en género y número con el substantivo que acompaña: *Hombre* **atrevido**; *fortuna* **perdida**; *acci-*

dente **imprevisto**; *cabo* **suelto**; *vino* **tinto**; *proceder* **incorrecto**; *diputado* **electo**; *tren* **expreso**, etc.

2º Como **substantivo**: v.gr.: ¿Llegó el *expreso*? ¿Leíste el *suelto*? ¿Se publicó el *manifiesto*? Este *tejido* es nacional. El pobre *condenado* solicitó indulto. Quédese en su *puesto*. ¿Se supo el *hecho*?

3º **Unido al verbo haber**, para formar los tiempos compuestos; en este caso es *invariable* y tiene significación activa.
He visitado Buenos Aires. *Hemos comprado* un caballo.

Los **participios irregulares** se usan solamente como adjetivos verbales, y no para formar los tiempos compuestos.
Se exceptúan *frito, preso, provisto* y *roto*, que se emplean como participios; y con preferencia a los regulares *freído, prendido, proveído* y *rompido*; v.gr.: He *frito* una costilla; han *preso* al ladrón; se ha *roto* un brazo; nos hemos *provisto* de fruta.

4º **Con el verbo ser**, para formar la *voz pasiva*, admitiendo el mismo género y número que el sujeto: La lección fue *recitada* por el alumno.
El mismo oficio desempeña con los verbos *dejar, estar, llevar, quedar, tener*, etc.; v.gr.: Dejó *encomendada* mucha vigilancia; trajo *sabidas* todas las lecciones; dejó *solucionados* todos los problemas; llevaba *ocultas* dos cartas.

5º En **frase absoluta**, es decir, modificando a un nombre que no forme parte de la oración con la que lógicamente está relacionado ese participio; v.gr.:
Los alumnos, *terminadas las clases*, salen para sus casas.

Al analizar el participio debe decirse:
1º *La especie*: si es activo, pasivo, regular o irregular; 2º *la naturaleza*: el verbo de que se deriva y los accidentes que tenga; 3º *el oficio*: si es sustantivo, adjetivo o mero participio.
Ejemplo: El *escribiente* tiene *redactada* la carta que le había pedido el *sirviente*.

Escribiente	part. act. del verbo escribir, usado como sust. masc. sing.
Redactada	part. pas. reg. del verbo redactar, usado como adj. fem. sing.
Pedido	part. pas. reg. del verbo pedir, usado como part. invariable.
Sirviente	part. act. del verbo servir, usado como sust. masc. sing.

verbos que exigen determinadas preposiciones

a

Abalanzarse *a* los peligros.

Abandonarse *a* la suerte. -- *en* manos de la suerte.

Abatirse *al* suelo -- *con* dificultad. -- *de* espíritu. -- *en*, *por* los reveses.

Abocarse *con* alguno.

Abochornarse *de* algo. -- *por* alguno.

Abogar *por* alguno.

Abordar (una nave) *a*, *con* otra.

Aborrecer *de* muerte.

Abrasarse *de* amor. -- *en* deseos.

Abrigado *de* los vientos.

Abrigarse *bajo* techado. -- *con* ropa. -- *del* aguacero. -- *en* el portal.

Abrir (una lámina) *a* buril. -- *de* arriba abajo. -- *en* canal.

Abrirse *a*, *con* los amigos.

Abroquelarse *con*, *de* su inocencia.

Absolver *del* cargo.

Abstenerse *de* lo vedado.

Abultado *de* facciones.

Abundar *de*, *en* riqueza.

Aburrirse *con*, *de*, *por* todo. -- *en* casa.

Abusar *de* la amistad.

Acabar *con* su hacienda. -- *de* venir. -- *en* bien. -- *por* negarse

Acaecer (algo) *a* alguno. -- *en* tal tiempo.

Acalorarse *con*, *en*, *por* la disputa.

Acarrear *a* lomo. -- *en* ruedas. -- *por* agua.

Acceder *a* la petición.

Accesible *a* todos.

Acendrarse (la virtud) *con*, *en* las pruebas.

Acepto *a* la nobleza y plebe.

Acercarse *a* la villa.

Acertar *a*, *con* la casa. -- *en* el pronóstico.

Acoger *en* casa.

Acogerse *a*, *bajo* sagrado.

Acometido *de* un accidente. -- *por* la espalda.

Acomodarse *a*, *con* otro dictamen. -- *de* criado. -- *en* una casa.

Acompañar *a* palacio. -- *con*, *de* pruebas.

Acompañarse *con*, *de* buenos. -- *con* el piano.

Aconsejarse *con*, *de* sabios.

Acontecer *a* todos, *con* todos, lo mismo.

Acordar (la voz) *con* un instrumento.

Acordarse *con* los contrarios. -- *de* lo pasado.

Acortar *de* palabras.

Acosado *de* los perros.

Acostumbrarse *a* los trabajos.
Acreditado *en*, *para* su oficio.
Acreditarse *con*, *para* con
  alguno. -- *de* necio.
Actuar *en* los negocios.
Acudir *al*, *con* el remedio.
Acusar (a alguno) *ante* el juez.
  -- *de* un delito.
Acusarse *de* las culpas.
Adaptar, o adaptarse, *al* uso.
Adecuado *al* asunto.
Adelantar *en* la carrera.
Adelantarse *a* otros. -- *en* algo.
Adestrarse, o adiestrarse, *a*
  esgrimir. -- *en* la lucha.
Adherir, o adherirse, *a* un
  dictamen.
Admirarse *de* un suceso.
Admitir *en* cuenta.
Adolecer *de* alguna enfermedad.
Adoptar *por* hijo.
Adorar *a* Dios, -- *en* sus hijos.
Adornar *con*, *de* tapices.
Afanarse *en* la labor. -- *por* ganar.
Aferrarse *a*, *con*, *en* su opinión.
Afianzar *con* sus bienes. -- *de*
  calumnia.
Afianzarse *en*, *sobre* los estribos.
Aficionarse *a*, *de* alguna cosa.
Afilar *en* la piedra. -- *con* la
  navaja.
Afirmarse *en* lo dicho.
Aflojar *en* el estudio.
Aforrar *con*, *de*, *en* piel.
Afrentar *con* denuestos.
Afrentarse *de* su estado.
Agarrar *de*, *por* las orejas.
Agarrarse *a*, *de* un hierro.
Agobiarse *con*, *de*, *por* los años.
Agraciar *con* una gran cruz.
Agradecido *a* los beneficios. --*por*
  los favores.

Agraviarse *de* alguno. -- *por* una
  chanza.
Agregarse *a*, *con* otros.
Aguardar *a* otro día. -- *en* casa.
Aguerrido *en* combates.
Ahitarse *de* manjares.
Ahogarse *de* calor. -- *en* poca
  agua.
Ahorcajarse *en* los hombros de
  alguno.
Ahorcarse *de* un árbol.
Ahorrar *de* razones. -- no
  ahorrarse, o no ahorrárselas,
  con nadie.
Airarse *con*, *contra* alguno. -- *de*,
  por lo que se oye.
Ajustarse *a* la razón. -- *con* el
  amo. -- *en* sus costumbres.
Alabar *de* discreto. --(algo) *en*
  otro.
Alabarse *de* valiente.
Alargarse *a*, *hasta* la ciudad.
Alcanzado *de* recursos.
Alcanzar *al* techo. -- *con* porfías.
  -- *del* rey. -- *en* días. -- *para*
  tanto.
Alegar *de* bien probado. -- *en*
  defensa.
Alegrarse *con*, *de*, *por* algo.
Alejarse *de* su tierra.
Alentar *con* la esperanza.
Alimentarse *con*, *de* hierbas.
Alindar (una heredad) *con* otra.
Alistarse *en* un cuerpo. -- *por*
  socio.
Aliviar *del*, *en* el trabajo.
Alternar *con* los sabios. -- *en* el
  servicio. -- *entre* unos y otros.
Alucinarse *con* sofismas. -- *en* el
  examen.
Alzar (los ojos) *al* cielo. -- (algo)
  del suelo. -- *por* caudillo.

Alzarse *a* mayores. -- *con* el reino. -- *en* rebelión.

Allanar *a* lo justo.

Amante *de* la paz.

Amañarse *a* escribir. -- *con* cualquiera.

Amar *de* corazón.

Amarrar *a* un tronco.

Amenazar (a alguien) *al* pecho. -- *con* la espada. -- *de* muerte.

Amparar (a uno) *de* la persecución. -- *en* la posesión.

Ampararse *con*, *de* algo. -- *contra* el viento.

Amueblar *con* lujo. -- *de* nuevo.

Andar *a* gatas. -- *con* el tiempo. -- *de* capa. -- *en* pleitos. -- *entre* mala gente. -- *por* conseguir algo. -- *sobre* un volcán. -- *tras* un negocio.

Andarse *en* flores. -- *por* las ramas.

Anegar *en* sangre.

Anhelar *a* más. -- *por* mayor fortuna.

Animar *al* certamen.

Anteponer (la obligación) *al* gusto.

Añadir *a* lo expuesto.

Apacentarse *con*, *de* memorias.

Aparar *en*, *con* la mano.

Aparecerse *a* alguno. -- *en* casa. -- *entre* sueños.

Aparejarse *al*, *para* el trabajo.

Apartar *de* sí.

Apartarse *a* un lado. -- *de* la ocasión.

Apasionarse *de*, *por* alguno.

Apearse *a*, *para* merendar. -- *de* la mula. -- *por* las orejas.

Apechugar *con* todo.

Apegarse *a* alguna cosa.

Apelar *a* otro medio. -- *de* la sentencia. -- *para* ante el Tribunal Superior.

Apercibirse *a*, *para* la batalla. -- *contra* el enemigo. -- *de* armas.

Apesadumbrarse *con*, *de* la noticia. -- *por* niñerías.

Apiadarse *de* los pobres.

Aplicarse *a* los estudios.

Apoderarse *de* la hacienda.

Aportar a Barcelona.

Apostar *a* correr.

Apostatar *de* la fe.

Apoyar *con* citas. -- *en* autoridades.

Apreciar *en* mucho. -- *por* sus prendas.

Aprender *a* escribir. -- *con* fulano. -- *de* fulano. -- *por* sus principios.

Apresurarse *a* venir. -- *en* la réplica. -- *por* llegar a tiempo.

Apretar *a* correr. -- *con* las manos. -- *entre* los brazos.

Aprobar *en* alguna Facultad al estudiante.

Apropiar *a* su idea. -- *para* sí.

Apropincuarse *a* alguna parte.

Aprovechar *en* el estudio.

Aprovecharse *de* la ocasión.

Aproximarse *al* altar.

Apurarse *en* los contratiempos. -- *por* poco.

Aquietarse *con* la explicación.

Arder, o arderse, *de* cólera. -- *en* deseos.

Argüir *de* falso. -- (ignorancia) *en* una persona.

Armar *con* lanza. -- *de* carabina. -- *en* corso.

Armarse *de* paciencia.
Arraigarse *en* Castilla.
Arrancar (la broza) *al*, *del* suelo.
-- *de* raíz.
Arrasarse (los ojos) *de*, *en* lágrimas.
Arrastrar *en* su caída. -- *por* tierra.
Arrebatar *de*, *de entre* las manos.
Arrebatarse *de* ira.
Arrebozarse *con*, *en* la capa.
Arrecirse *de* frío.
Arreglado *a* las leyes. -- *en* la conducta.
Arreglarse *a* la razón. -- *con* el acreedor.
Arremeter *al*, *con*, *contra*, *para* el enemigo.
Arrepentirse *de* sus culpas.
Arrestarse *a* todo.
Arribar *a* Cádiz.
Arriesgarse *a* salir. -- *en* la empresa.
Arrimarse *a* la pared.
Arrinconarse *en* casa.
Arrojado *de* carácter.
Arrojar *de* sí.
Arrojarse *a* pelear. -- *de*, *por* la ventana. -- *en* el estanque.
Arrojarse *con* la manta.
Arrostrar *con*, *por* los peligros[1]
Asar *a* la lumbre. -- *en* la parrilla.
Asarse *de* calor.
Ascender *a* otro empleo. -- *en* la carrera. -- *por* los aires.

Asegurar *contra* el granizo. -- *de* incendios.
Asegurarse *de* la verdad.
Asentir *a* un dictamen.
Asesorarse *con*, *de* letrados.
Asimilar (una cosa) *a* otra.
Asir *de* la ropa. -- *por* los cabellos.
Asirse *a* las ramas. -- *con* el contrario.
Asistir *a* los enfermos. -- *de* oyente. -- *en* tal caso.
Asociarse *a*, *con* otro.
Asomarse *a*, *por* la ventana.
Asombrarse *con* el, *del* suceso.
Asparse *a* gritos. --*por* alguna cosa.
Aspirar *a* mayor fortuna.
Asustarse *de*, *con*, *por* un ruido.
Atar (el caballo) *a* un tronco.
-- *con* cuerdas. -- *de* pies y manos. -- *por* la cintura.
Atarearse *a* escribir. -- *con*, *en* los negocios.
Atarse *a* una sola opinión. -- *en* las dificultades.
Atascarse *en* el barro.
Ataviarse *con*, *de* lo ajeno.
Atemorizarse *de*, *por* algo.
Atender *a* la conversación.
Atenerse *a* lo seguro.
Atentar *a* la vida. -- *contra* la propiedad.
Atento *a* la explicación. -- *con* los mayores.
Atestiguar *con* otro. -- *de* oídas.
Atinar *al* blanco. -- *con* la casa.
Atollarse *en* el lodo.
Atracarse *de* higos.
Atraer *a* su bando. -- *con* promesas.
Atragantarse *con* una espina.

---

[1] También se dice arrostrar los peligros (sin preposición), y en el mismo caso se hallan otros verbos que, si bien se adaptan a tal o cual preposición, y no a las demás, se usan, asimismo, sin ninguna.

Atrancarse *en* el vado.

Atrasado *de* noticias. -- *en* el estudio.

Atravesado *de* dolor. -- *por* una bala.

Atravesarse *en* el camino.

Atreverse *a* cosas grandes. -- *con* todos.

Atribuir *a* otro.

Atribularse *con*, *en*, *por* los trabajos.

Atrincherarse *con* una tapia. -- *en* un repecho.

Atropellar *con*, *por* todo.

Atropellarse *en* las acciones.

Atufarse *con*, *de*, *por* poco.

Aunarse *con* otro.

Ausentarse *de* Madrid.

Autorizar *con* su firma. -- *para* algún acto.

Avanzar *a*, *hacia*, *hasta* las líneas enemigas.

Avecindarse *en* algún pueblo.

Avenirse *a* todo. -- *con* cualquiera.

Aventajarse *a* otros. -- *en* algo.

Avergonzarse *a* pedir. -- *de* pedir. -- *por* sus acciones.

Averiguarse *con* alguno.

Avezarse *a* la vagancia.

Aviarse *de* ropa. -- *para* salir.

Avocar (alguna cosa) *a* sí.

Ayudar *a* vencer. -- *en* un apuro.

b

Bailar *a* compás. -- *con* Juana. -- *por* alto.

Bajar *a* la cueva. -- *de* la torre. --*hacia* el valle. -- *de* la escalera.

Balancear *en* la duda.

Balar (las ovejas) *de* hambre.

Baldarse *con* la humedad. -- *de* un lado.

Bambolearse *en* la maroma.

Bañar (un papel) *con*, *de*, *en* lágrimas.

Barajar *con* el vecino.

Barbear *con* la pared.

Bastar *a*, *para* enriquecerse.

Bastardear *de* su naturaleza. -- *en* sus acciones.

Batallar *con* los enemigos.

Beber (a otro) los pensamientos. -- *a* la, *por* la salud. -- *de*, *en* una fuente.

Besar *en* la frente.

Blasfemar *contra* Dios. -- *de* la virtud.

Blasonar *de* valiente.

Bordar (algo) *al* tambor. -- *con*, *de* plata. -- *en* cañamazo.

Borrar *de* la matrícula.

Bostezar *de* hastío

Bramar *de* furor.

Brear *a* golpes.

Bregar *con* alguno.

Brindar *a* la salud de alguno. -- *con* regalos. -- *por* el amigo ausente.

Brotar *de*, *en* un peñascal.

Bufar *de* ira.

Bullir *en*, *por* los corrillos.

Burilar *en* cobre.

Burlar *a* alguno.

Bularse *de* algo.

Buscar (el flanco) *al* enemigo. -- *por* donde salir.

c

Cabalgar *a* mujeriegas. -- *en* mula.

Caber *de* pies. -- *en* la mano.

Caer *a*, *hacia* tal parte. -- *con* otro. -- *de* lo alto. -- *en* tierra. -- *por* Pascua. -- *sobre* los enemigos.

Caerse *a* pedazos. -- *de* viejo.

Calar *a* fondo.

Calarse *de* agua.

Calentarse *a* la lumbre. -- *con* el ejercicio. -- *en* el juego.

Calificar *de* docto.

Calzarse *con* la prebenda.

Callar (la verdad) *a* otro. -- *de*, *por* miedo.

Cambiar (alguna cosa) *con*, *por* otra. -- (una peseta) *en* calderilla.

Cambiarse (la risa) *en* llanto.

Caminar *a*, *para* Sevilla. -- *de* concierto.

Campar *por* su respeto.

Cansarse *con* el, *del* trabajo.

Cantar *a* libro abierto. -- *de* plano. -- *en* el bosque.

Capitular *con* el enemigo. -- (a alguno) *de* malversación.

Carecer *de* medios.

Cargar *a* flete. -- *a*, *en* hombros. -- *con* todo. -- *de* trigo. -- *sobre* él.

Cargarse *de* razón.

Casar (una cosa) *con* otra. -- *en* segundas nupcias.

Casarse *con* su prima. -- *por* poderes.

Castigado *de*, *por* su temeridad.

Catequizar (a alguno) *para* fin particular.

Cautivar (a alguno) *con* beneficios.

Cazcalear *de* una parte *a* otra. -- *por* las calles.

Cebar *con* bellotas.

Cebarse *en* la matanza.

Ceder *a* la autoridad. -- *de* su derecho. -- *en* honra de alguno.

Cegarse *de* cólera.

Censurar (algo) *a*, *en* alguno.

Ceñir *con*, *de* flores. -- *en* lauro.

Ceñirse *a* lo justo.

Cerciorarse *de* un suceso.

Cerrar *a* piedra y lodo. -- *con*, *contra* el enemigo.

Cerrarse *de* campiña. -- *en* callar.

Cesar *de* correr. -- *en* su empleo.

Cifrar (su dicha) *en* la virtud.

Circunscribirse *a* una cosa.

Clamar *a* Dios. -- *por* dinero.

Clamorear *a* muerto las campanas. -- *por* alguna cosa.

Clavar *a*, *en* la pared.

Cobrar *de* los deudores. -- *en* papel.

Cocer *a* la, *con* lumbre.

Coexistir *con* Homero.

Coger *a* mano. -- *con* el hurto. -- *de* buen humor. -- *de*, *por* la mano. -- *entre* puertas.

Cojear *del* pie derecho.

Colegir *de*, *por* los antecedentes.

Colgar *de* un clavo. -- *en* la percha.

Coligarse *con* algunos.

Colmar *de* mercedes.

Colocar *con*, *en*, *por* orden. -- *entre* dos cosas.

Cambatir *con*, *contra* el enemigo.

Combinar (una cosa) *con* otra.

Comedirse *en* las palabras.

Comenzar *a* decir. -- *por* reñir.

Comer *a* dos carrillos. -- (pan) *a* manteles. -- *de* todo. -- *de* vigilia. -- *por* cuatro.

Comerciar *con* su crédito. -- *en* granos. -- *por* mayor.

Comerse *de* envidia.

Compadecerse (una cosa) *con* otra. -- *del* infeliz.

Comparar (un objeto) *a*, *con* otro.

Compartir (las penas) *con* otro.
-- (la fruta) *en* dos cestas.
-- *entre* varios.

Compeler (a otro) *al* pago.

Compensar (una cosa) *con* otra.

Competir *con* alguno.

Complacer *con* la noticia. -- *de*, *en* alguna cosa.

Componerse *con* los deudores.
-- *de* bueno y malo.

Comprar (algo) *al* fiado. -- *del* comerciante. -- *por* libras.

Comprobar *con* fechas. -- *de* cierto.

Comprometer *a* otro. -- *en* jueces árbitros.

Comprometerse *a* pagar. -- *con* alguno. -- *en* una empresa.

Comulgar (a otro) *con* ruedas de molino.

Comunicar (uno) *con* otro.

Comunicarse (dos lagos) *entre* sí. -- *por* señas.

Concentrar (el poder) *en* una mano.

Concertar (uno) *con* otro. -- *en* género y número. -- (las paces) *entre* dos contrarios.

Conciliarse (el respeto) *de* todos.

Concluir *con* algo. -- (a uno) *de* ignorante. -- *en* vocal.

Concordar (la copia) *con* el original.

Concurrir *a* algún fin. -- *a* un lugar. -- *con* otros. -- *en* un

dictamen.

Condenar (a uno) *a* galeras. --*con*, *en* costas.

Condescender *a* los ruegos.
-- *con* la instancia -- *en* reiterarse.

Condolerse *de* los trabajos.

Conducir (una cosa) *al* bien de otro. -- *en* carreta. -- *por* mar.

Confabularse *con* los contrarios.

Confederarse *con* alguno.

Conferir (un negocio) *con*, *entre* amigos.

Confesar (el delito) *al* juez.

Confesarse *a* Dios. -- *con* alguno.
-- *de* sus culpas.

Confiar *de*, *en* alguno.

Confinar (a alguno) *a*, *en* tal parte. -- (España) *con* Francia.

Confirmar (al orador) *de* docto.
-- *en* la fe. -- *por* sabio.

Confirmarse *en* su dictamen.

Conformar (su opinión) *a*, *con* la ajena.

Conformarse *al*, *con* el tiempo.

Confrontar (un texto) *con* otro.

Confundirse *de* lo que se ve.
-- (una cosa) *con* otra. -- *en* sus juicios.

Congeniar *con* alguno.

Congraciarse *con* otro.

Congratularse *con* los suyos.
-- *de*, *por* alguna cosa.

Conjeturar (algo) *de*, *por* los indicios.

Conmutar (una cosa) *con*, *por* otra. -- (una pena) *en* otra.

Conocer *a* otro. -- *de* vista. -- *de*, *en* tal asunto. -- *por* su fama.

Consagrar, o consagrarse, *a* Dios.

Consentir *con* los caprichos. -- *en* algo.

Conservarse *con, en* salud. -- *en* su retiro.

Considerar (una cuestión) *bajo, en* todos sus aspectos. -- *por* todos lados.

Consistir *en* una friolera.

Consolar (a uno) *de* un trabajo. -- *en* su aflicción.

Consolarse *con* sus parientes. -- *en* Dios.

Conspirar *a* un fin. -- *con* otros. -- *contra* alguno. -- *en* un intento.

Constar (el todo) *de* partes. -- *de, en* los autos. -- *por* escrito.

Consultar *con* letrados.-- (a alguno) *para* un empleo.

Consumirse *a* fuego lento. -- *con* la fiebre. -- *de* fastidio. -- *en* meditaciones.

Contagiarse *con, del, por* el roce.

Contaminarse *con* los vicios. -- *de, en* la herejía.

Contar (algo) *al* vecino. -- *con* sus fuerzas. -- *por* verdadero.

Contemplar *en* Dios.

Contemporizar *con* alguno.

Contender *con* alguno. -- *en* hidalguía. -- *por* las armas. -- *sobre* alguna cosa.

Contenerse *en* sus deseos.

Contentarse *con* su suerte. -- *del* parecer.

Contestar *a* la pregunta. -- *con* el declarante.

Continuar *en* su puesto. -- *con* salud. -- *por* buen camino.

Contraer (algo) *a* un asunto. -- (amistad) *con* alguno.

Contrapesar (una cosa) *con* otra.

Contraponer (una cosa) *a, con* otra.

Contrapuntarse *con* alguno. -- *de* palabras.

Contravenir *a* la ley.

Contribuir *a, para* tal cosa. -- *con* dinero.

Convalecer *de* la enfermedad.

Convencerse *con* las razones. -- *de* la razón.

Convenir (una cosa) *al* enfermo. -- *con* otro. -- *en* alguna cosa.

Convenirse *a, con, en* lo propuesto.

Conversar *con* alguno. -- *en, sobre* materias fútiles.

Convertir (la cuestión) *a* otro objeto. -- (el papel) *en* dinero.

Convertirse *a* Dios. -- (el mal) *en* bien.

Convidar (a alguno) *a* comer. -- *con* un billete. -- *para* el baile.

Convidarse *a, para* la fiesta.

Convocar *a* junta.

Cooperar *a* alguna cosa. -- *con* otro.

Copiar *a* plana y reglón. -- *del* original.

Coronar *con, de* flores. -- *en* flores. -- *por* monarca.

Corregirse *de* una falta.

Correr *a* caballo. -- *con* los gastos. -- *en* busca de uno. -- *por* mal camino. -- (un velo) *sobre* lo pasado.

Correrse *de* vergüenza. -- *por* una culpa.

Corresponder *a* los beneficios. -- *con* el bienhechor.

Corresponderse *con* un amigo. -- *con* agradecimiento.

Cortar *de* vestir. -- *por* lo sano.

Coser *a* puñaladas. -- *para* el corte.

Coserse (unos), *a*, *con* otros.

Cotejar (la copia) *con* el original.

Crecer *en* virtudes.

Creer (tal cosa) *de* otro. -- *de* su obligación. -- *en* Dios. -- (a uno) *por*, *sobre* su dicho.

Creerse *de* habladurías.

Criar *a* los pechos. -- *con* solicitud. --*en* el santo temor de Dios.

Criarse *en* buenos pañales. -- *para* las armas.

Cristalizar, o cristalizarse, *en* prismas.

Cruzar *por* enfrente.

Cruzarse *de* caballero. -- *de* brazos. -- *de* palabras.

Cuadrar (algo) *a* una persona. -- (lo uno) *con* lo otro.

Cubrir, o cubrirse, *con*, *de* ropa. -- *de* grande.

Cucharetear *en* todo.

¡Cuenta *con* lo que dices!

Cuidar *de* alguno.

Culpar (a uno) *de* omiso. -- *en* uno lo que se disculpa *en* otro. -- (a otro) *por* lo que hace.

Cumplir (la promesa) *a* uno. -- *a* Juan hacer un esfuerzo. -- *con* alguno. -- *con* su obligación. -- *por* su padre.

Curar (cecina) *al* humo.

Curarse *con* baños. -- *de* una enfermedad. -- *de* lo menos importante. -- *en* salud.

Curtirse *al*, *con* el, *del* aire. -- *en* los trabajos.

ch

Chancearse *con* uno.

Chapuzar *en* el río.

Chocar *a* los presentes. -- *con* los vecinos. -- (los vecinos) *entre* sí.

Chochear *con*, *por* la vejez. -- *de* viejo.

d

Dañar (al prójimo) *en* la honra.

Dañarse *del* pecho.

Dar (algo) *a* cualquiera. -- *con* la carga en el suelo. -- (golpes) *con* un martillo. -- *con* quien lo entiende. -- *contra* un poste. -- *de* palos. -- (a la madera) *de* blanco. -- *de* baja. -- *de* sí. -- *en* manías. -- *en* ello (comprenderlo, adivinarlo). -- *por* visto. -- *por* Dios. -- *sobre* el más flaco.

Darse *a* estudiar. -- *contra* la pared. -- *de* cachetes. -- *por* vencido.

Deber (dinero) *a* alguno. -- *de* justicia. -- *de* venir.

Decaer *de* su prosperidad. -- *en* fuerzas.

Decidir *de* todo. -- *en* un pleito. -- *sobre* un punto.

Decidirse *a* viajar. -- *en* favor de. -- *por* un sistema.

Decir (algo) *a* otro. -- (bien) *con* una cosa. -- *de* alguno. -- *de* memoria. -- *en* conciencia. -- *para* sí. -- (una cosa) *por* otra.

Declarar *en* la causa. -- (a uno) *por* enemigo. -- *sobre* el caso.

Declararse *con* alguno. -- *por* un partido.

Declinar *a*, *hacia* un lado. -- *de* allí. -- *en* bajeza.

Dedicar (tiempo) *al* estudio.

Dedicarse *a* la Medicina.

Deducir *de*, *por* lo dicho.

Defender (la verdad) *con* buenas pruebas. -- *contra* el impostor. -- (a uno) *de* sus contrarios. -- *por* pobre.

Deferir *al* parecer de otro.

Defraudar (algo) *al*, *del* depósito. -- *en* las esperanzas.

Degenerar *de* su estirpe. -- *en* monstruo.

Dejar *con* la boca abierta. -- *de* escribir. -- (algo) *en* manos de. -- *para* mañana. -- (a alguien) *por* loco. -- *por* hacer.

Dejarse *de* rodeos.

Delatar (un crimen), o delatarse, *al* juez.

Deleitarse *con* la vista. -- *de*, *en* oír.

Deliberar *en* junta. -- *entre* amigos. -- *sobre* tal cosa.

Delirar *en* poesía. -- *por* la música.

Demandar *ante* el juez. -- *de* calumnia. -- *en* juicio.

Departir *con* el compañero. -- *de*, *sobre* la guerra.

Depender *de* alguno.

Deponer *contra* el acusado. -- (a alguno) *de* su cargo. -- *en* juicio.

Depositar *en* el Banco.

Derivar, o derivarse, *de* grave autoridad.

Derramar, o derramarse, *al*, *en*, *por* el suelo.

Derribar *al* valle. -- *de* la cumbre. *en*, *por* tierra.

Derrocar *al* suelo. -- *de* la cumbre *en*, *por* tierra.

Desacreditar, o desacreditarse, *con*, *para*, *para con* los sabios. -- *en* su profesión. -- *entre* compañeros.

Desaguar, o desaguarse (un pantano), *por* las esclusas.

Desahogarse (con alguno) *de* su pena. -- *en* denuestos.

Desalojar *del* puesto.

Desapoderar *de* la herencia.

Desapropiar, o desapropiarse, *de* algo.

Desarraigar *del* suelo.

Desasirse *de* malos hábitos.

Desatarse *de* todos los vínculos. -- *en* improperios.

Desavenirse *con* alguno. -- *de* otros -- (dos) *entre* sí.

Desayunarse *con* chocolate. -- *de* alguna noticia.

Desbordarse (el río) *en* la arena. -- *por* los campos.

Descabalarse *con*, *en*, *por* alguna cosa.

Descabezarse *con*, *en* una dificultad.

Descalabrar *a* pedradas. -- *con* un guijarro.

Descansar *de* la fatiga. -- (el amo) *en* el criado. -- *sobre* las armas.

Descararse *a* pedir. -- *con* el jefe.

Descargar, *en*, *contra*, *sobre* el inocente.

Descargarse *con* el ausente. -- *de*

alguna cosa.

Descartarse *de* un compromiso.

Descender *al* valle. -- *de* buen linaje. -- *en* el favor. -- *por* grados.

Descolgarse *al* jardín. -- *con* una noticia. -- *de*, *por* la pared.

Descollar *en* ingenio. -- *entre*, *sobre* otros.

Descomponerse *con* alguno. -- *en* palabras.

Desconfiar *de* alguno.

Descontar *de* una cantidad.

Descubrirse *a*, *con* alguno. -- *por* respeto.

Descuidarse *de*, *en* su obligación.

Desdecir *de* su carácter.

Desdecirse *de* su promesa.

Desdeñarse *de* alguna cosa.

Desechar *del* pensamiento.

Desembarazarse *de* estorbos.

Desembarcar *de* la nave. -- *en* el puerto.

Desembocar *en* el mar.

Desempeñar *de* sus deudas.

Desenfrenarse *en* los apetitos.

Desengañarse *de* ilusiones.

Desenredarse *del* lazo.

Desenterrar *del* polvo, *de* entre el polvo.

Desertar *al* campo contrario. -- *de* sus banderas.

Desesperar *de* la pretensión.

Desfallecer *de* ánimo.

Desfogar (la cólera) *en* alguno.

Deshacerse *de* alguna prenda. -- *en* llanto.

Desimpresionarse *de* una idea.

Desistir *del* intento.

Desleír *en* agua.

Deslizarse *al*, *en* el vicio. -- *por* la

pendiente.

Desmentir *a* uno. -- (una cosa) *de* otra.

Desnudarse *de* los afectos de la sangre.

Despedirse *de* los amigos.

Despegarse *del* mundo.

Despeñarse *al*, *en* el mar. -- *de* un vicio en otro. -- *por* la cuesta.

Despertar *al* que duerme. -- *del* sueño.

Despicarse *de* la ofensa.

Despoblarse *de* gente.

Despojar, o despojarse, *de* la ropa.

Desposarse *con* soltera. -- *por* poderes.

Desposeer *de* alguna cosa.

Desprenderse *de* algo.

Despuntar *de* ingenioso. -- *en* la sátira. -- *por* la pintura.

Desquitarse *de* la pérdida.

Desternillarse *de* risa.

Desterrar (a uno) *a* una isla. -- *de* su patria.

Destinar *a* la iglesia. -- (un regalo) *para* la señora.

Destituir *de* un cargo.

Desvengorzarse *con* alguno.

Desviarse *del* camino.

Desvivirse *por* algo.

Detenerse *a* comer. -- *con*, *en* los obstáculos.

Determinarse *a* partir. -- *en* favor de uno.

Detestar *de* la mentira.

Diferenciarse (uno) *de* otro. -- *en* el habla.

Diferir (algo) *a*, *para* otro tiempo. -- *de* hoy a mañana. -- *de* Juan. -- *en* opiniones. -- *entre* sí.

Dignarse *de* otorgar licencia.

Dilatar (un asunto) *a, para* otra ocasión. -- *de* mes en mes. -- *hasta* mañana.

Dilatarse *en* argumentos.

Dimanar (una cosa), *de* otra.

Diputar *para* un objeto.

Dirigir *a, hacia* Sevilla. -- (a otro) *en* una empresa. -- *para* un fin. -- *por* un atajo.

Discernir (una cosa) *de* otra.

Discordar *del* maestro. -- *en* pareceres. -- *sobre* Filosofía.

Discrepar (un peso de otro) *en* onzas.

Disculpar *al* discípulo. -- *con* el catedrático.

Disculparse *con* alguien. -- *de* una distracción.

Discurrir *de* un punto a otro. -- *en* varias materias. -- *sobre* artes.

Disentir *de* los otros. -- *en* política.

Disfrazar *con* buenas apariencias.

Disfrazarse *de* moro. -- *con, en* traje humilde.

Disfrutar *de* buena renta.

Disgustarse *con, de* alguna cosa. -- *por* causas frívolas.

Disimular *con* otro.

Disolver *con* agua fuerte. -- *en* espíritu de vino.

Dispensar *de* asistir.

Disponer *a* bien morir. -- *de* los bienes. -- *en* hileras. -- *por* secciones.

Disponerse *a, para* caminar.

Disputar *con* su hermano. -- *de, por, sobre* alguna cosa.

Distar (un pueblo) *de* otro.

Distinguir (una cosa) *de* otra.

Distinguirse *de* sus compañeros. -- *en* las letras. -- *entre* todos. -- *por* único.

Distraerse *a* diferente materia. -- *con, por* el ruido. -- *de, en* la conversación.

Distribuir *en* porciones. -- *entre* los necesitados.

Disuadir *de* pleitear.

Divertir (la atención) *de* un objeto.

Divertirse *con* un amigo. -- *en* pintar.

Dividir *con, entre* muchos. -- (una cosa) *de* otra. -- *en* partes. -- *por* mitad.

Divorciarse *de* su consorte.

Doblar *a* palos. -- *de* un golpe. -- *por* un difunto.

Dolerse *con* un amigo. -- *de* los trabajos de otro.

Dormir *a* pierna suelta. -- *con* el niño. -- *en* paz. -- *sobre* ello.

Dotar (a una hija) *con* bienes raíces. -- *de* lo mejor de un patrimonio. -- *en* medio millón.

Dudar *de* alguna cosa. -- *en* salir. -- *entre* el sí y el no.

Durar *en* el mismo estado. -- *por* mucho tiempo.

e

Echar (alguna cosa) *a, en, por* tierra. -- *de* casa. -- *de* sí. -- *de* ver. -- *sobre* sí la carga.

Educar *en* los buenos principios.

Ejercitarse, *en* las armas.

Elevarse *al, hasta* el cielo. -- *de* la tierra. -- *en* éxtasis. -- *por* los aires. -- *sobre* el vulgo.

Embadurnar *de* almazarrón.

Embarazarse *con* la ropa

Embarcarse *de* pasajero. -- *en* un vapor. -- *para* América.

Embeberse *en* mirar una cosa bella.

Embeberse *del* espíritu de Platón. -- *en* la Poética del Pinciano.

Embelesarse *con* un niño. -- *en* oír.

Embestir *con*, *contra* la fiera.

Embobarse *con*, *de*, *en* algo.

Emborracharse *con*, *de* aguardiente.

Emboscarse *en* la espesura.

Embozarse *con* la capa. -- *en* el manto. -- *hasta* los ojos.

Embravecerse *con*, *contra* el débil.

Embriagarse *con* ponche. -- *de* júbilo.

Embutir *de* algodón. -- (una cosa) *en* otra.

Empacharse *de* comer. -- *por* nada.

Empalagarse *de* todo.

Empalmar (un madero) *con*, *en* otro.

Empapar *de*, *en* esencias.

Empaparse *en* la moral cristiana.

Emparejar *con* la venta.

Emparentar *con* buena gente.

Empedrar *con*, *de* adoquines.

Empeñarse *con*, *por* alguno. -- *en* una cosa. -- *en* mil duros.

Empezar *a* brotar. -- *con* bien. -- *en* malos términos. -- *por* lo difícil.

Emplearse *en* alguna cosa.

Empotrar *en* el muro.

Emprender *con* cuanto se presenta. -- (alguna obra) *por* sí solo.

Empujar *a*, *hacia*, *hasta* un abismo. -- *contra* la pared.

Emular *con* alguno.

Enajenarse *de* alguna cosa.

Enamorarse *de* alguien.

Enamoricarse *de* Manuela.

Encajar (la puerta) *con*, *en* el cerco.

Encajarse *en* la reunión.

Encallar (la nave) *en* arena.

Encaminarse *a* alguna parte.

Encanecer *en* los trabajos.

Encapricharse *con*, *en* un tema.

Encaramarse *al* tejado. -- *en* un árbol.

Encararse *a*, *con* alguno.

Encargarse *de* algún negocio.

Encarnizarse *con*, *en* los fugitivos.

Encenagarse *en* vicios.

Encender *a*, *en* la lumbre.

Encenderse *en* ira.

Encogerse *de* hombros.

Encomendar (la hacienda) *al* mayordomo.

Encomendarse *a* Dios. -- *en* manos de alguno.

Enconarse *con* alguno. -- *en* acusarle.

Encontrar *con* un obstáculo.

Encontrarse *con* un amigo. -- *en* la misma opinión.

Encuadernar *a* la rústica. -- *de* fino. -- *en* pasta.

Encumbrarse *a*, *hasta* el cielo. -- *sobre* sus conciudadanos.

Encharcarse *en* vicios.

Endurecerse *al* trabajo. -- *con*, *en*, *por* el ejercicio.

Enemistar *a* uno con otro.

Enfadarse *con, contra* alguno.
-- *de* la réplica. -- *por* poco.
Enfermar *del* pecho.
Enfrascarse *en* la plática.
Enfurecerse *con, contra* alguno.
-- *de* ver injusticias. -- *por* todo.
Engalanarse *con* plumas ajenas.
Engañarse *con, por* las apariencias. -- *en* la cuenta.
Engastar *con* perlas. -- *en* oro.
Engolfarse *en* cosas graves.
Engolosinarse *con* algo.
Engreírse *con, de* su fortuna.
Enjugar (ropa) *a* la lumbre.
Enlazar (una cosa) *a, con* otra.
Enloquecer *de* pesadumbre.
Enmendarse *con, por* el aviso.
-- *de* una falta.
Enojarse *con, contra* el malo.
-- *de* lo que se dice.
Enredarse (una cosa), *a, con, en* otra. -- *de* palabras. -- *entre* zarzas.
Enriquecer, o enriquecerse, *con* dádivas. -- *de* virtudes.
Ensangrentarse *con, contra* uno.
Ensayarse *a* cantar. -- *en* la declamación. -- *para* hablar en público.
Enseñado *en* buenas doctrinas.
Enseñar *a* leer. -- *por* buen autor.
Enseñorearse *de* un reino.
Entapizar *con, de* ricas telas.
Entender *de* alguna cosa. -- *en* sus negocios.
Entenderse *con* alguien. -- *por* señas.
Enterarse *de* la carta. -- *en* el asunto.
Entrar *a* saco. -- *con* todo. -- *de* novicio. -- *en* la iglesia.

-- *hasta* el coro. -- *por* la puerta grande.
Enregar (algo) *a* alguno.
Entregarse *al* estudio. -- *de* un establecimiento. -- *en* brazos de la suerte.
Entremeterse *en* asuntos de otro.
Entresacar (todo lo bueno) *de* un libro.
Entretenerse *con* ver la tropa.
-- *en* leer.
Entristecerse *con, de, por* el bien ajeno.
Envanecerse *con, de, en, por* la victoria.
Envejecer *con, de, por* los disgustos. -- en el oficio.
Enviar (a alguno) *a* la corte.
-- *con* un presente. -- *de* apoderado. -- *por* vino.
Enviciarse *con, en* el juego.
Envolver, o envolverse, *con, en, entre* mantas.
Enzarzarse *en* una quimera.
Equipar (a uno) *con, de* lo que ha menester.
Equiparar (una cosa) *a, con* otra.
Equivocar (una cosa) *con* otra.
Equivocarse *con* otro. -- *en* algo.
Escabullirse *entre, de* entre, *por* entre la multitud.
Escapar *a* la calle. -- *con* vida.
-- *en* una tabla.
Escarmentar *con* la desgracia.
-- *en* cabeza ajena.
Escoger *del, en* el montón.
-- *entre* varias cosas. -- *para, por* mujer.
Esconderse *a* la persecución.
-- *de* alguno. -- *en* alguna parte. -- *entre* las matas.
Escribir *de, sobre* Historia.

-- *desde* Roma. -- *en* español.
-- *por* el correo.

Escrupulizar *en* pequeñeces.

Escuchar *con, en* silencio.

Escudarse *con, de* la fe. -- *contra* el peligro.

Esculpir *a* cincel. -- *de* relieve. -- *en* mármol.

Escupir *al, en* el rostro.

Escurrirse *al* suelo. -- *de, de entre, entre* las manos.

Esforzarse *a, en, por* trabajar.

Esmaltar *con, de* flores. -- *en* flores.

Esmerarse *en* alguna cosa.

Espantarse *al, con* el estruendo. -- *de,* por algo

Especular *con* algo. -- *en* papel.

Esperar *a* que venga. -- *de, en* Dios.

Estampar *a* mano. -- *contra* la pared. -- *en* papel. -- *sobre* tela.

Estar *a, bajo* la orden de otro. -- *con, en* ánimo de viajar. -- *de* vuelta. -- *en* casa. -- *entre* enemigos. -- *para* salir. -- *por* alguno. -- (algo) *por* suceder. -- *sin* sosiego. -- *sobre* sí.

Estimular *al* estudio. -- *con* premios.

Estragarse *con* la prosperidad. -- *por* las malas compañías.

Estrecharse *con* algo. -- *en* los gastos.

Estrellarse *con* alguno. -- *contra, en* alguna cosa.

Estrenarse *con* una obra maestra.

Estribar *en* el plinto.

Estudiar *con* los escolapios. -- *en* buen autor. -- *para* médico.

-- *por* Nebrija. -- *sin* maestro.

Examinar, o examinarse, *de* Gramática.

Exceder (una cuenta) *a* otra. -- *de* la talla. -- *en* mil reales.

Excederse *de* sus facultades.

Exceptuar (a alguno) *de* la regla.

Excitar *a* la rebelión.

Excluir (a uno) *de* alguna parte o cosa.

Excusarse *con* alguno. -- *de* hacer algo.

Exhortar *a* penitencia.

Eximir, o eximirse, *de* alguna ocupación.

Exonerar *del* empleo.

Expeler *del* reino. -- *por* la boca.

Explayarse *en* un discurso.

Exponerse *a* un desaire. -- *ante* el público.

Extenderse *a, hasta* mil reales. -- *en* digresiones.

Extraer *de* la mina.

Extrañar *de* la patria.

Extrañarse *de* su amigo.

Extraviarse *a* otra cuestión. -- *de* la carretera. -- *en* sus opiniones.

f

Faltar *a* la palabra. -- *de* alguna parte. -- *en* algo. -- (un real) *para* veinte -- (el rabo) *por* desollar.

Fallar *con, en* tono magistral.

Fastidiarse *al* andar. -- *con, de* la charla de alguno.

Fatigarse *de* andar. -- *en* pretensiones. -- *por* sobresalir.

Favorecerse *de* alguien.

Favorecido *de* la suerte. -- *por* el
ministro.

Fiar (algo) *a*, *de* alguno. -- *en* sí.

Fiarse *a*, *de*, *en* alguno.

Fijar *en* la pared.

Fijarse *en* un buen propósito.

Firmar *con* estampilla. -- *de*
propia mano. -- *en* blanco.
-- *por* su principal.

Flaquear *en* la honradez. -- *por*
los cimientos.

Florecer *en* virtudes.

Fluctuar *en*, *entre* dudas.

Forjar (el hierro) *en* barras.

Formar (el corazón) *con* el buen
ejemplo. -- (quejas) *de* un
amigo. -- *en* columna. -- *por*
compañías.

Forrar *de*, *con*, *en* pieles.

Fortificarse *con* fajinas. -- *contra*
el enemigo. -- *en* un punto.

Franquearse *a*, *con* alguno.

Freír *con*, *en* aceite.

Frisar (una moldura) *con*, *en* otra.

Fumar *con* tenacillas. -- *en* pipa.

g

Ganar *al* ajedrez. -- *con* el
tiempo. -- *de* oposición. -- *en*
categoría. -- *para* sólo vivir.
-- *por* la mano.

Gastar *con* garbo. -- *de* su
hacienda. -- *en* banquetes.

Girar *a* cargo de. -- *contra* otro.
-- *de* una parte a otra. -- *en*
torno. -- *hacia* la izquierda.
-- *por* tal parte. -- *sobre* una
casa de comercio.

Gloriarse *de* alguna cosa. -- *en* el
Señor.

Gozar, o gozarse, *con*, *en* el bien
común. -- *de* alguna cosa.

Grabar *al* agua fuerte. -- *con*
agujas.-- *en* madera.

Graduar *a* claustro pleno. -- (una
cosa) *de*, *por* buena.

Graduarse *de* licenciado. -- *en*
letras.

Granjear (la voluntad) *a*, *de*
alguno. -- *para* sí.

Gravar *con* impuestos. -- *en*
mucho.

Guardar *bajo*, *con* llave. -- *en* la
memoria. -- *entre* algodones.
-- *para* simiente.

Guardarse *de* alguno.

Guarecerse *bajo* el pórtico. -- *de*
la intemperie. -- *en* una
choza.

Guarnecer (una cosa) *con*, *de*
otra.

Guiarse *por* un práctico.

Guindarse *de* una ventana. -- *por*
la pared.

Gustar *de* bromas.

h

Haber *a* las manos. -- *de* morir,
-- (a alguno) *por* confeso.

Habilitar (a uno) *con* fondos. -- *de*
ropa. -- *para* obtener curatos.

Habitar *bajo* un techo. -- *con*
alguno. -- *en* tal parte. -- *entre*
fieras.

Habituarse *al* frío.

Hablar *con* alguno. -- *de*, *en*,
sobre alguna cosa. -- *entre*
dientes. -- *por* sí o *por* otro.
-- *sin* ton ni son.

Hacer *a* todo. -- (mucho) *con*

poco trabajo. -- *de* valiente.
-- *de* galán o barba. -- (algo)
en regla. -- *para* sí. -- *por*
alguno.
Hacerse *a* las armas. -- *con*, *de*
buenos libros. -- *de* rogar.
-- (algo) *en* debida forma.
Hallar (una bolsa) *en* la calle.
Hallarse *a*, *en* la fiesta. -- *con* un
obstáculo.
Hartar, o hartarse, *con* fruta. -- *de*
esperar.
Helarse *de* frío.
Henchir (el colchón) *de* lana.
Heredar *de* un pariente. -- *en* el
título. -- *en*, *por* línea recta.
Herir *de* muerte. -- *en* la
estimación.
Hermanar, o hermanarse, dos *a*
dos. -- (una cosa) *con* otra.
-- *entre* sí.
Herrar *a* fuego. -- *en* frío.
Hervir (un lugar) *de*, *en* gente.
Hincarse *de* rodillas.
Hocicar *con*, *contra*, *en* alguna
cosa.
Holgarse *con*, *de* alguna cosa.
Hollar (el suelo) *con* la planta.
Hombrearse *con* los mayores.
Honrarse *con* la amistad de
alguno. -- *de* complacer a un
amigo.
Huir *al* desierto. -- *de* la villa.
Humanarse *con* los vencidos.
Humedecer *con*, *en* un líquido.
Humillarse *a* alguna persona o
cosa. -- *ante* Dios.
Hundir, o hundirse, *en* el cieno.
Hurtar *de* la tela. -- *en* el precio.
Hurtarse *a* los ojos. -- *de* otro.

I

Igualar, o igualarse, *a*, *con* otro.
-- *en* saber.
Imbuir (a alguno) *de*, *en*
opiniones erróneas.
Impeler (a uno) *a* alguna cosa.
Impelido *de* la necesidad. -- *por*
el ejemplo.
Impetrar (algo) *del* superior.
Implicarse *con* alguno. -- *en*
algún enredo.
Imponer (pena) *al* reo. -- *en* la
Caja de Ahorros. -- *sobre*
consumos.
Imponer *en* sus obligaciones.
Importar (mucho) *a* alguno.
-- (géneros) *de* Francia. -- *a*,
en España.
Importunar *con* pretensiones.
Imprimir *con*, *de* letra nueva. -- *en*
el ánimo. -- *sobre* la cera.
Incidir *en* culpa.
Incitar (a alguno) *a* rebelarse.
-- *con* otro. -- *para* pelear.
Inclinar (a alguno) *a* la virtud.
Inclinarse *a* la adulación. -- *hacia*
el suelo.
Incluir *en* el número. -- *entre* los
buenos.
Incorporar (una cosa) *a*, *con*, *en*
otra.
Inculcar *en* el ánimo.
Incumbir (una diligencia) *al*
escribano.
Incurrir *en* falta.
Indemnizar (a alguno) *del*
perjuicio.
Indignarse *con*, *contra* alguno.
-- *de*, *por* una mala acción.
Indisponer (a uno) *con*, *contra*
otro.

Inducir (a uno) *a* pecar. -- *en* error.

Indultar (a alguno) *de* la pena.

Infatuarse *con* los aplausos.

Inferir (una cosa) *de, por* otra.

Infestar (un pueblo) *con, de* malas doctrinas.

Inflamar, o inflamarse, *de, en* ira.

Influir *con* el jefe. -- *en* alguna cosa. -- *para* el indulto.

Informar (a alguno) *de, en, sobre* alguna cosa.

Intentar (una acusación) *a, contra* alguno.

Interceder *con* alguno. -- *por* otro.

Interesarse *con* alguno. -- *en* alguna empresa. -- *por* otro.

Internarse *en* alguna cosa, *en* algún lugar.

Interpolar (unas cosas) *con, entre* otras.

Interponer (su autoridad) *con* alguno. -- *por* otro.

Interponerse *entre* los contendientes.

Interpretar *del* griego al latín. -- *en* castellano.

Intervenir *en* el reparto. -- *por* alguno.

Introducir, o introducirse, *a* consejero. -- *con* los que mandan. -- *en, por* alguna parte. -- *entre* las filas.

Inundar *de, en* sangre el suelo.

Invernar *en* tal parte.

Invertir (el dinero) *en* fincas.

Ir *a, hacia* Cádiz. -- *bajo* custodia. -- *con* su padre. -- *contra* alguno. -- *de* un lado a otro. -- en coche. -- *entre* bayonetas. -- *hasta* Roma. -- *para* viejo. -- *por* camino de

hierro. -- *por* pan. -- *sobre* Túnez. -- *tras* un prófugo.

j

Jactarse *de* noble.

Jaspear (una pared) *de* negro, blanco y rojo.

Jubilar *del* empleo.

Jugar *a* los naipes. -- unos *con* otros. -- (alguna cosa) *con, por* otra. -- *de* manos.

Juntar (alguna cosa) *a, con* otra.

Jurar *de* hacer (alguna cosa) *en* vano. -- *por* su nombre. -- *sobre* los Evangelios.

Justificarse *con, para* con el jefe. -- *de* algún cargo.

Juzgar *a, por* deshonra. -- *de* alguna cosa. -- *en* una materia. -- *entre* partes. -- *según* fuero. -- *sobre* apariencias.

l

Labrar *a* martillo. -- *de* piedra un edificio. -- *en* el espíritu.

Ladear (una cosa) *a, hacia* tal parte.

Ladearse (alguno) *al* partido contrario. -- *con* un compañero.

Ladrar *a* la luna.

Lamentarse *de, por* la desgracia.

Lanzar (dardos) *a, contra* el adversario. -- *del* puesto.

Lanzarse *al, en* el mar. -- *sobre* la presa.

Lastimarse *con, contra, en* una piedra. -- *de* la noticia.

Lavar (la ofensa) *con, en* sangre.

Levantar (las manos) *al* cielo.
-- *de* cascos. -- *del* suelo.
-- *en* alto. -- *por* las nubes.
-- *sobre* todos.
Levantarse *con* lo ajeno. -- *contra* el gobierno. -- *de* la silla. -- *en* armas.
Libertar, o libertarse, *del* peligro.
Librar *a* cargo de, o *contra* un banquero. -- (a alguno) *de* riesgos. -- (las esperanzas) *en* Dios. -- (letras) *sobre* una plaza.
Lidiar *con*, *contra* infieles. -- *por* la fe.
Ligar (una cosa) *a*, *con* otra.
Ligarse *con*, *por* su promesa.
Limpiar (la tierra) *de* broza.
Limpiarse *con*, *en* el pañuelo.
-- *de* culpas.
Lindar (una tierra) *con* otra.
Lisonjearse *con*, *de* esperanzas.
Litigar *con*, *contra* un pariente.
-- *por* pobre. -- *sobre* un mayorzgo.
Lograr (una gracia) *del* superior.
Luchar *con*, *contra* alguno. -- *por* recobrar algo.
Ludir (una cosa) *con* otra.

ll

Llamar *a* la puerta. -- *a* juicio.
-- *con* la mano. -- *de* tú a otro.
-- *por* señas.
Llamarse *a* engaño.
Llegar *a* la posada. -- *de* Indias.
Llenar (el hoyo) *con* tierra. -- (el saco) *de* trigo.
Llevar (algo) *a* casa. -- *con* paciencia. -- *de* vencida. -- *en*

peso. -- *por* tema. -- *sobre* el corazón.
Llevarse (bien) *con* el vecino.
-- *de* una pasión.
Llorar *de* gozo. -- *en*, *por* la felicidad ajena.
Llover *a* cántaros. -- (trabajos) *en*, *sobre* una familia. -- *sobre* mojado.

m

Maldecir *a* otro. -- *de* todo.
Maliciar *de* cualquiera. -- *en* cualquier cosa.
Malquistarse *con* alguno.
Mamar (un vicio) *con*, *en* la leche.
Manar (agua) *de* una fuente.
-- (un campo) *en* agua.
Mancomunarse *con* otros.
Manchar la ropa *con*, *de*, *en* lodo.
Mandar (una carga) *al* correo.
-- *de* emisario. -- *en* su casa.
-- *por* dulces.
Mantener (correspondencia) *con* alguno. -- (la casa) *en* buen estado.
Mantenerse *con*, *de* hierbas, -- *en* paz.
Maquinar *contra* alguno.
Maravillarse *con*, *de* una noticia.
Marcar *a* fuego. -- *con* hierro.
-- *por* suyo.
Matarse *a* trabajar. -- *con* un necio. -- *por* conseguir alguna cosa.
Matizar *con*, *de* rojo y amarillo.
Mediar *con* alguno. -- *en* una cuestión. -- *entre* los contrarios. -- *por* un amigo.

Medir a palmos. -- (una cosa) con
otra. -- por varas. -- (todo)
con, por un rasero.
Medirse con sus fuerzas. -- en las
palabras.
Meditar en, sobre un misterio.
-- entre sí.
Medrar en hacienda.
Mejorar de condición. -- (a una
hija) en tercio y quinto.
Merecer con, de, para con
alguno. -- para alcanzar.
Mesurarse en las acciones.
Meter a barato. -- (dinero) en el
cofre. -- en costura. -- (una
cosa) entre otras varias. -- por
vereda.
Meterse a gobernar. -- con los
que mandan. -- de pies en los
peligros. -- entre gente ruin.
-- por medio.
Mezclar (una cosa) con otra.
Mezclarse con mala gente. -- en
varios negocios.
Mirar (la ciudad) a Oriente. -- con
buenos ojos. -- de reojo.
-- por alguno. -- sobre el
hombre.
Mirarse al espejo. -- en el agua.
Moderarse en las palabras.
Mofarse de un envanecido.
Mojar en caldo.
Moler a coces. -- con
impertinencias.
Molerse a trabajar.
Molestar (a uno) con visitas.
Montar a caballo. -- en cólera.
Morar en despoblado. -- entre
salvajes.
Morir a manos del contrario. -- de
mano airada. -- de poca
edad. -- de la peste. -- en

gracia. -- entre infieles. -- para
el mundo. -- por Dios.
Morirse de frío. -- por lograr
alguna cosa.
Mortificarse con ayunos. -- en
algo.
Motejar (a alguno) de ignorante.
Motivar (el decreto) con, en
buenas razones.
Mover, o moverse, a piedad.
-- con lo que se oye. -- de una
parte a otra.
Mudar (alguna cosa) a otra parte.
-- de intento (una cosa) en
otra.
Mudarse de casa. -- (el favor) en
desvío.
Murmurar de los ausentes.

n

Nacer con fortuna. -- (esto) de
aquello. -- en Andalucía.
-- para trabajos.
Nadar de espaldas. -- en
riquezas. -- entre dos aguas.
Navegar a, para Indias. -- con
viento fresco. -- de bolina.
-- contra la corriente. -- en un
vapor. -- entre dos aguas.
-- hacia el Polo.
Necesitar de auxilios. -- para vivir.
Negarse al trato.
Negociar con papel. -- en granos.
Nivelarse a lo justo. -- con los
humildes.
Nombrar (a alguno) para un
cargo.
Notar con cuidado. -- (a alguno)
de hablador. -- (faltas) en
obras ajenas.
Nutrirse con manjares

substanciosos. -- *de, en*
sabiduría.

o

Obedecer *al* superior.
Obligar (al usurpador) *a* restituir.
-- *con* las finezas.
Obrar *a* ley. -- *con* malicia. -- *en*
autos.
Obstar (una cosa) *a, para* otra.
Obstinarse *contra* alguno. -- *en*
alguna cosa.
Obtener (alguna gracia) *de* otro.
Ocultar (alguna cosa) *a, de* otro.
Ocuparse *con* un negocio. -- *en*
trabajar.
Ocurrir *a* la urgencia.
Ofenderse *con, de* las finezas. --
por todo.
Ofrecerse *a* los peligros. -- *de*
acompañante. -- *en*
holocausto. -- *por* servidor.
Oir *bajo* secreto. -- *con, por* sus
propios oídos. -- *de* persona
autorizada. -- *en* justicia.
Oler *a* rosas.
Olvidarse *de* lo pasado.
Opinar (bien) *de* un sujeto. -- *en,*
sobre alguna cosa.
Oponerse *a* la sinrazón.
Oprimir *bajo* el peso. -- *con* el
poder.
Optar *a, por* un empleo. -- *entre*
dos candidatos.
Orar *en* favor de, -- *por* los
difuntos.
Ordenar, u ordenanrse, *de*
sacerdote. -- *en* filas. -- *por*
materias.

p

Pactar (alguna cosa) *con* otro.
-- *entre* sí.
Padecer *con* las impertinencias
de otro. -- *de* los nervios. -- *en*
la honra. -- *por* Dios.
Pagar *a, en* dinero. -- *con*
palabras. -- *de* sus ahoros.
-- *por* otro.
Pagarse *con, de* buenas razones.
Paliar (alguna cosa) *con* otra.
Palpar *con, por* sus manos.
Parar *a* la puerta. -- *en* casa
Pararse *a* descansar. -- *ante*
alguna dificultad. -- *con*
alguno. -- *en* la calle.
Parecer *ante* el juez. -- *en* alguna
parte.
Parecerse *a* otro. -- *de* cara. -- *en*
el brío.
Participar *de* alguna cosa. -- *en* el
negocio.
Particularizarse *con* alguno. -- *en*
alguna cosa.
Partir *a, para* Italia. -- (la capa)
con el mendigo. -- *de*
España. -- *en* pedazos.
-- *entre* amigos. -- *por* mitad
Pasar *de* Zaragoza *a* Madrid.
-- *de* cien duros el gasto. -- *en*
silencio. -- *entre* montes.
-- *por* alto. -- por cobarde.
-- por entre árboles.
Pasarse *al* enemigo. -- *con* poco.
-- (alguna cosa) *de* la
memoria.
-- (la fruta) *de* madura. -- *en* claro.
-- (uno) *sin* lo que más desea.
Pasear (la calle) *a* su dama.
Pasearse *con* otro. -- *en, por* el
campo.

Pasmarse *con* la helada. -- *de* frío

Pecar con la intención. -- *contra* la ley. -- *de* ignorante. -- *en* alguna cosa. -- *por* demasía.

Pedir *contra* alguno. -- *de* derecho. -- *en* justicia. -- *para* las ánimas. -- *por* Dios. -- *por* alguno.

Pegar (una cosa) *a*, *con* otra. -- *con* alguno. -- *contra*, *en* la pared. -- (golpes) *sobre* un tablero.

Pelear *en* defensa de. -- *por* la patria.

Pelearse (uno) *con* otro. -- *por* alguna cosa.

Peligrar *en* el puerto.

Penar *de* amores. -- *en* la otra vida. -- *por* alguna persona o cosa.

Pender *ante* el Tribunal. -- *de* un cabello. -- *en* la cruz.

Penetrar *en* la cueva. -- *entre*, *por* entre las filas. -- *hasta* las entrañas. -- *por* lo más espeso.

Penetrarse *de* la razón.

Pensar *en*, *sobre* alguna cosa. -- *entre* sí. -- *para* consigo. -- *para* sí.

Perder *al*, *en* el juego. -- (algo) *de* vista.

Perderse (alguno) *de* vista. -- *en* el camino. -- *por* temerario.

Perecer *de* hambre.

Perecerse *de* risa. -- *por* alguna cosa.

Peregrinar *a* regiones extrañas. -- *por* el mundo.

Perfumar *con* incienso.

Permanecer *en* un lugar.

Permutar (una cosa) *con*, *por* otra.

Perpetuar (su fama) *en* la posteridad.

Perseverar *en* algún intento.

Persistir *en* una idea.

Persuadir, o persuadirse, *a* hacer alguna cosa. -- *con*, *por* buenas razones.

Pertenecer *a* buena familia.

Pertrecharse *con*, *de* lo necesario.

Piar *por* alguna cosa

Picar *de*, *en* todo.

Picarse *con* alguno. -- *de* puntual. -- *en* el juego. -- *por* una chanza.

Pintar *al* pastel. -- *de* azul.

Plagarse *de* granos.

Plantar (a uno), o plantarse, *en* Cádiz.

Pleitear *con*, *contra* alguno. -- *por* pobre.

Poblar *de* árboles. -- *en* buen paraje.

Poblarse *de* gente.

Poder *con* la carga. -- *con*, *para* con alguno.

Ponderar (una cosa) *de* grande.

Poner (a uno) *a* oficio. -- *bajo* tutela. -- (bien o mal) *con* otro. -- *de* corregidor. -- *de*, *por* empeño. -- (alguna cosa) *en* tal o cual paraje.

Ponerse *a* escribir. -- (bien) *con* Dios. -- (dos) *de* vuelta y media. -- *en* defensa. por medio.

Porfiar *con*, *contra* alguno. -- *en* un empeño. -- *hasta* morir. -- *sobre* el mismo tema.

Portarse *con* valor.

Posar *en*, *sobre* alguna parte.

Posponer (el interés) *a* la honra.

Precaverse *contra* el mal. -- *del* aire.

Preceder (a otro) *en* categoría.

Preciarse *de* valiente.

Precipitarse *al*, *en* el foso. -- *de*, *desde*, *por* las almenas.

Precisar *a* confesar la culpa.

Preferir (a alguno) *para* un cargo.

Preguntar (una cosa) *a* alguno. -- *para* saber. -- *por* el ausente.

Prendarse *del* garbo.

Prender (las plantas) *en* la tierra.

Prender, o prenderse, *con* alfileres. -- *de* veintiocho alfileres. -- *en* un gancho.

Preocuparse *con*, *por* alguna cosa.

Prepararse *a*, *para* la batalla. -- *con* armas defensivas. -- *contra* algún mal.

Preponderar (una cosa) *sobre* otra.

Prescindir *de* alguna cosa.

Presentar (a uno) *para* un obispado.

Presentarse *al* general. -- *bajo* mal aspecto. -- *de*, *por* candidato. -- *en* la corte. -- *por* el lado favorable.

Preservar, o preservarse, *del* daño.

Presidir *en* un Tribunal. -- *por* antigüedad.

Prestar (dinero) *a* alguno. -- (la dieta) *para* la salud. -- *sobre* prenda.

Presto *a*, *para* correr. -- *en* obrar.

Presumir *de* rico.

Prevalecer *entre* todos. -- (la verdad) *sobre* la mentira.

Prevenirse *al*, *contra* el peligro. -- *de*, *con* lo necesario. -- *en* la ocasión. -- *para* un viaje.

Principiar *con*, *en*, *por* tales palabras.

Pringarse *con*, *de* grasa. -- *en* una miseria.

Privar *con* el monarca. -- (a alguno) *de* lo suyo.

Probar *a* saltar. -- *de* todo.

Proceder *a* la elección, -- *con*, *sin* acuerdo. -- *contra* los morosos. -- (una cosa) *de* otra. -- *de* oficio. -- *en* justicia.

Procesar (a alguno) *por* vago.

Procurar *para* sí. -- *por* alguno.

Producir *ante* los Tribunales. -- *en* juicio.

Producirse *de*, *por* todo.

Proejar *contra* las olas.

Profesar *en* una Orden religiosa.

Prolongar (el plazo) *al* deudor.

Prometer *en* casamiento. -- *por* esposa.

Prometerse (buen resultado) *de* un negocio.

Promover (a uno) *a* algún cargo.

Propagarse *en*, *por* la comarca. -- (tal especie) *entre* los suyos.

Propasarse *a*, *en* una cosa.

Propender *a* la clemencia.

Proponer (la paz) *al* contrario. -- (a alguno) *en* primer lugar. -- *para* una vacante. -- (a alguno) *por* árbiro.

Proporcionar, o proporcionarse, *a* las fuerzas. -- *con*, *para* alguna cosa.

Prorrumpir *en* lágrimas.

Proseguir *con, en* la tarea.
Posternarse *a, para* suplicar.
-- *ante* Dios. -- *en* tierra.
Prostituir (el ingenio) *al* oro.
Proteger (a alguno) *en* sus
  designios.
Protestar *contra* la calumnia. -- *de*
  su inocencia.
Proveer *a* la necesidad pública.
  -- (la plaza) *con, de* víveres.
  -- *en* justicia. -- (el empleo) *en*
  el más digno. -- *entre* partes.
Provenir *de* otra causa.
Provocar *a* ira. -- (a alguno) *con*
  malas palabras.
Pugnar *con, contra* uno. -- *en*
  defensa de otro. -- *para, por*
  escaparse.
Pujar *con, contra* los obstáculos.
  -- *en, sobre* el precio. -- *por*
  alguna cosa.
Purgarse *con* acíbar. -- *de* la
  culpa.
Purificarse *de* la mancha.

q

Quebrantarse *con, por* el
  esfuerzo. -- *de* angustia.
Quebrar (el corazón) *a* alguno.
  -- *con* un amigo. -- *en* tal
  cantidad. -- *por* lo más
  delgado.
Quebrarse (el ánimo) *con, por* las
  desgracias.
Quedar *a* deber. -- *con* un amigo
  en tal o cual cosa. -- *de*
  asiento. -- *de* pies. -- *en* casa.
  -- *para* contarlo. -- *por*
  cobarde.
Quedarse *a* servir. -- *con* lo ajeno.
  -- *de* mano en el juego. -- *en*

cama. -- *para* tía. -- *por* amo
  de todo. -- *sin* blanca.
Quejarse *a* uno de otro.
Quemarse *con, de, por* alguna
  palabra.
Querellarse *al* alcalde. -- *ante* el
  juez. -- *contra, de* su vecino.
Quitar (algo) *a* lo escrito. -- *del*
  medio.
Quitarse *de* enredos.

r

Rabiar *contra* alguno. -- *de*
  hambre. -- *por* lucirse.
Radicar *en* tal parte.
Raer *del* casco
Rayar *con* los primeros. -- *en* lo
  sublime.
Razonar *con* alguno. -- *sobre* un
  punto.
Rebajar (una cantidad) *de* otra.
Rebasar *de* tal punto.
Rebatir (una razón) *con* otra.
  -- (una cantidad) *de* otra.
Rebosar *de, en* agua.
Recabar *con, de* alguno.
Recaer *en* la falta. -- (la elección)
  en el más digno.
Recatarse *de* las gentes.
Recelar, o recelarse, *del*
  competidor.
Recetar *con* acierto, -- *contra*
  alguno: -- *sobre* la bolsa
  ajena.
Recibir *a* cuenta. -- (una cosa) *de*
  alguno. -- (a uno) *de* criado.
  -- *en* cuenta. -- *por* esposa.
Recibirse *de* abogado.
Reclamar (tal cosa) *a, de* fulano.
  -- *ante* un Tribunal. -- *contra*

un pariente. -- *en* juicio.
-- *para* sí. -- *por* bien.
Reclinarse *en*, *sobre* alguna cosa.
Recobrarse *de* la enfermedad.
Recoger *a* mano real.
Recogerse *a* casa. -- *en* sí mismo.
Recompensar (un beneficio) *con* otro.
Reconcentrarse (el odio) *en* el corazón.
Reconciliar, o reconciliarse, *con* otro.
Reconocer (a algno) *por* amigo. -- (mérito) *en* una obra.
Reconvenir (a alguno) *con*, *de*, *por*, *sobre* alguna cosa.
Recostarse *en*, *sobre* la cama.
Recrearse *con* el dibujo. -- *en* leer.
Reducir (alguna cosa) *a* la mitad.
Reducirse *a* lo más preciso. -- *en* los gastos.
Redundar *en* beneficio.
Reemplazar (a una persona) *con* otra. -- (a Luis) *en* su empleo.
Referirse (la luz) *en*, *sobre* un plano.
Reflexionar *en*, *sobre* tal materia.
Reformarse *en* el vestir
Refugiarse *a*, *bajo*, *en* sagrado.
Regalarse *con* buenos vinos. -- *en* dulces memorias.
Regar *con*, *de* llanto.
Regir *de* vientre.
Reglarse *a* lo justo. -- *por* lo que ve en otro.
Regodearse *con*, *en* alguna cosa.
Reinar *en* España. -- (el terror) *entre* las gentes. -- *sobre*

muchos millones de hombres.
Reincidir *en* el crimen.
Reintegrar (a un huéfano) *en* sus bienes.
Reintegrarse *de* lo suyo
Reírse *de* Juan con Pedro.
Relajar *al* brazo seglar.
Relajarse *del* lado izquierdo. -- *en* la conducta.
Rematar *al* toro. -- *con* una copia. -- *en* cruz.
Remitirse *al* original.
Remontarse *al*, *hasta* el cielo. -- *en* alas de la fantasía. -- *por* los aires. -- *sobre* todos.
Remover *de* su puesto.
Renacer *a* la vida. -- *con*, *por* la gracia. -- *en* Jesucristo
Rendirse *a* la razón. -- *con* la carga. -- *de* fatiga.
Renegar *de* alguna cosa.
Renunciar *a* un proyecto. -- (algo) *en* otro.
Reparar (perjuicios) *con* favores. -- *en* cualquier cosa.
Repararse *del* daño.
Repartir (alguna cosa) *a*, *entre* algunos. -- *en* porciones iguales.
Representar *al* rey. -- *sobre* un asunto.
Representarse (alguna cosa), *a*, *en* la imaginación.
Reputar (a alguno) *por* honrado.
Requerir *de* amores.
Requerirse (algo) *en*, *para* un negocio.
Resbalar *con*, *en*, *sobre* el hielo.
Resbalarse *de*, *de entre*, *entre* las manos. -- *por* la pendiente.
Resentirse *con*, *contra* alguno.

-- *de, por* alguna cosa. -- *del,*
en el costado.
Resfriarse *con* alguno. -- *en* la
amistad.
Resguardarse *con* el muro. -- *de*
los tiros.
Residir *en* la corte. -- *entre*
personas cultas.
Resignarse *a* los trabajos. -- *con*
su suerte. -- *en* la adversidad.
Resolverse *a* alguna cosa. -- (el
agua) *en* vapor. -- *por* tal
partido
Resonar (la ciudad) *con, en*
cánticos de gozo.
Respaldarse *con, contra* la pared.
-- *en* la silla.
Resplandecer *en* sabiduría.
Responder *a* la pregunta. -- *con*
las fianzas. -- *del* depósito.
-- *por* otro.
Restar (una cantidad) *de* otra.
Restituirse *a* su casa.
Resultar (una cosa) *de* otra.
Retar *a* muerte. -- *de* traidor.
Retirarse *a* la soledad. -- *del*
mundo.
Retractarse *de* la acusación.
Retraerse *a* alguna parte. -- *de*
alguna cosa.
Retroceder *a, hacia* tal parte.
-- *de* un sitio a otro. -- *en* el
camino.
Reventar *de* risa. -- *por* hablar.
Revestir, o revestirse, *con, de*
facultades.
Revolcarse *en* el fango. -- *por* el
suelo.
Revolver (algo) *en* la mente.
-- *entre* sí.
Revolverse *al, contra, sobre* el
enemigo.

Rezar *a* los santos. -- *por* los
difuntos.
Rodar *de* lo alto. -- (el jinete) *por*
tierra.
Rodear (una plaza) *con, de*
murallas.
Rogar *por* los pecadores.
Romper *con* alguno. -- *en* llanto.
-- *por* medio. Rozarse (una
cosa) *con* otra. -- *en* las
palabras.

S

Saber *a* vino. -- *de* trabajos.
-- *para* sí.
Saborearse *con* el dulce.
Sacar (una cosa) o plaza, *a* la
plaza. -- *a* pulso. -- *con* bien.
-- *de* alguna parte. -- *de* entre
infieles. -- *en* limpio. -- *por*
consecuencia.
Saciar *de* viandas.
Saciarse *con* poco. -- *de*
venganza.
Sacrificarse *por* alguno.
Sacudir (algo) *de* sí.
Sacudirse *de* importunos.
Salir *a, en* la cara. -- *con* un
despropósito. -- *contra*
alguno. -- *de* alguna parte.
-- *de* pobre. -- *por* fiador.
Salirse *con* la suya. -- *de* la regla.
Salpicar *con, de* aceite.
Saltar (una cosa) *a* los ojos.
-- *con* una simpleza. -- *de*
gozo. -- *en* tierra. -- *por* la
cerca.
Salvar (a alguno) *del* peligro.
Salvarse *a* nado. -- *en* el esquife.
-- *por* pies.

Sanar *de* la enfermedad. -- *por* ensalmo.

Satisfacer *con* las setenas *por* las culpas.

Satisfacer, o satisfacerse, *de* la duda.

Secar *al* aire. -- *con* un paño.

Secarse *de* sed.

Segregar (una cosa) *de* otra.

Seguir *con* la empresa. -- *de* cerca. -- *en* el intento. -- *para* Cádiz.

Seguirse (una cosa) *a*, *de* otra.

Sembrar (el camino) *con*, *de* flores. -- *en* la arena. -- *entre* piedras.

Semejar, o semejarse (una cosa), *a* otra en algo.

Sentarse *a* la mesa. -- *de* cabecera de mesa, -- *en* la silla. -- *sobre* un cofre.

Sentenciar *a* destierro. -- *en* justicia. -- *por* estafa. -- *según* ley.

Sentir *con* otro.

Sentirse *de* algo.

Señalar *con* el dedo.

Señalarse *en* la guerra. -- *por* discreto.

Separar (una cosa) *de* otra.

Ser (una cosa) *a* gusto de todos. -- *de* desear. -- *de* dictamen. -- *de* usted. -- *para* mí. -- *para* uno. -- *con* otro. -- *en* batalla.

Servir *con* armas y caballo. -- *de* mayordomo. -- *en* palacio. -- *para* el caso. -- *por* comida. -- *sin* sueldo.

Servirse *de* alguno. -- *en*, *para* un lance. -- *por* la escalera falsa.

Sincerarse *ante* un juez. -- *con* otro. -- *de* la culpa.

Singularizarse *con* alguno. -- *en* todo. -- *entre* los suyos. -- *por* su traje.

Sisar *de* la tela. -- *en* la compra.

Sitiar *por* mar y tierra.

Situarse *en* alguna parte. -- *entre* dos ríos.

Sobrepujar (a alguno) *en* saber.

Sobresalir *en* mérito. -- *entre* todos. -- *por* su elocuencia.

Sobresaltarse *con*, *de*, *por* la noticia.

Sobreseer *en* la causa.

Socorrer *con* algo. -- *de* víveres.

Solazarse *con* fiestas. -- *en* banquetes. -- *entre* amigos.

Solicitar *con* el ministro. -- *del* rey. -- *para*, *por* otros.

Soltar (a un niño) *a* andar.

Someterse *a* alguno.

Sonar (alguna cosa) *a* hueco. -- *en*, *hacia* tal parte.

Soñar *con* ladrones. -- *en* esto o aquello.

Sorprender *con* alguna cosa. -- *en* el hecho.

Sospechar (infidelidad) *de* un criado. -- *en* alguno.

Sostener *con* razones. -- (algo) *en* la Academia.

Subdividir *en* partes.

Subir, *a*, *en* alguna parte. -- *de* la bodega. -- *sobre* la mesa.

Subrogar (una cosa) *con*, *por* otra. -- *en* lugar de otra.

Subsistir *con*, *del* auxilio ajeno.

Substituir, *a*, *por* alguno. -- (una cosa) *con* otra. -- (un poder) *en* alguno.

Substraerse *a*, *de* la obediencia.

Suceder *a* Pedro. -- *con* Pedro lo que con Juan. -- (a alguno) *en* el empleo.

Sufrir *a*, *de* uno lo que no se sufre *a*, de otro. -- *con* paciencia. -- *por* amor de Dios.

Sujetar *con* maña. -- *por* los brazos.

Sujetarse *a* alguno, o *a* alguna cosa.

Sumirse *en* una ciénaga.

Suplicar *al* rey. -- *de* la sentencia. -- *en* revista. -- *para* ante el Consejo. -- *por* alguno.

Suplir *en* actos del servicio. -- *por* alguno.

Surgir (la nave) *en* el puerto.

Surtir *de* víveres.

Suspender *de* una argolla. -- *de* empleo y sueldo. -- *en* el aire. -- *por* los cabellos.

Suspirar *de* amor. -- *por* el mando.

Sustentarse *con* hierbas. -- *de* esperanzas.

t

Tachar (a alguno) *de* ligero. -- *por* su mala conducta.

Tachonar *de*, *con* florones de oro.

Tardar *en* venir.

Tejer *con*, *de* seda.

Temblar *con* el susto. -- *de* frío. -- *por* su vida.

Temer *de* otro. -- *por* sus hijos.

Temido *de*, *entre* muchos.

Templarse *en* comer.

Tener *a* mano. -- *a* menos, o en menos. -- *con*, *en* cuidado. -- *de*, *por* criado, -- (algo) *en*, *entre* manos. -- *para* sí. -- (a

su madre) *sin* sosiego. -- *sobre* sí.

Tenerse *de*, *en* pie. -- *por* inteligente.

Teñir *con*, *de*, negro.

Terciar *en* una contienda. -- *entre* dos.

Terminar *en* punta.

Tirar *a*, *hacia*, *por* tal parte. -- *de* la falda.

Tiritar *de* frío.

Titubear *en* alguna cosa.

Tocar (la herencia) *a* alguno. -- *a* muerto. -- *en* alguna parte.

Tomar *a* pecho. -- *bajo* su protección. -- *con*, *en*, *entre* las manos. -- *de* un autor una especie, -- (una cosa) *de* un modo u otro. -- *en* mala parte. -- *hacia* la derecha. -- *para* sí. -- *por* ofensa. -- *sobre* sí.

Tomarse *con*, *por* la humedad. -- *de* orín.

Topar *con*, *contra*, *en* un poste.

Tornar *a* las andadas. -- *de* Galicia. -- *por* el resto.

Trabajar *a* destajo. -- *de* sastre. -- *en* tal materia. -- *para* comer. -- *por* distinguirse.

Trabar (una cosa) *con*, *en* otra.

Trabarse *de* palabras.

Trabucarse *en* la disputa.

Traducir *al*, *en* castellano. -- *del* latín.

Traer (una cosa) *a* alguna parte. -- *ante* sí. -- *consigo*. -- *de* Francia. -- *en*, *entre* manos. -- *hacia* sí. -- *por* divisa. -- *sobre* sí.

Traficar *con* su crédito. -- *en* drogas.

Trasbordar *de* una vía a otra.

Transferir (alguna cosa) *a*, *en* otra persona. -- *de* una parte a otra.

Transfigurarse *en* otra cosa.

Transformar, o transformarse (una cosa), *en* otra.

Transitar *por* alguna parte.

Transpirar *por* todas partes.

Transportar (alguna cosa) *a* lomo. -- *de* una parte a otra. -- *en* hombros.

Transportarse *de* alegría.

Trasladar (algo) *a* alguien. -- *al*, *en* castellano. -- *de* Sevilla a Cádiz. -- *del* griego.

Traspasar (alguna cosa) *a*, *en* alguno.

Trasplantar *de* una parte a, *en* otra.

Tratar *a* la baqueta. -- *con* alguno. -- *de* cobarde. -- *de*, *sobre* alguna cosa. -- *en* lanas.

Travesear *con* alguno. -- *por* el jardín.

Triunfar *de* los enemigos. -- *de* espada (en los juegos). -- *en* la lid.

Trocar (una cosa) *con*, *en*, *por* otra. -- *de* papeles.

Tropezar *con*, *contra*, *en* alguna cosa.

Turbar *en* la posesión.

U

Ufanarse *con*, *de* sus hechos.

Ultrajar *con* apodos. -- *de* palabra. -- *en* la honra.

Uncir (los bueyes) *al* carro. -- macho *con* mula.

Ungir *con* bálsamo. -- *por* obispo.

Uniformar (una cosa) *a*, *con* otra.

Unir (una cosa) *a*, *con* otra.

Unirse *a*, *con* los compañeros. -- *en* comunidad. -- *entre* sí.

Untar *con*, *de* aceite.

Usar *de* enredos.

Utilizarse *con*, *de*, *en* alguna cosa.

V

Vacar *al* estudio.

Vaciar *en* yeso.

Vaciarse *de* alguna cosa. -- *por* la boca.

Vacilar *en* la elección. -- *entre* la esperanza y el temor.

Vagar *por* el mundo.

Valerse *de* alguno, o *de* alguna cosa.

Vanagloriarse *de*, *por* su estirpe.

Varar *en* la playa.

Variar *de* opinión. -- *en* dictamen.

Velar *a* los muertos. -- *en* defensa. -- *por* el bien público. -- *sobre* alguna cosa.

Vencer *a*, *con*, *por* traición. -- *en* la batalla.

Vender *a*, *en* tanto, -- (gato) *por* liebre.

Venderse *a* alguno. -- *en* tanto. -- *por* amigo. -- *por* dinero.

Vengarse *de* una ofensa. -- *en* el ofensor.

Venir *a* casa. -- *a* tierra. -- *con* un criado. -- *de* Sevilla. -- *en* ello. -- *hacia* aquí. -- *por* buen conducto. -- *sobre* uno mil desgracias.

Venirse *a* buenas. -- *con* chanzas.

Ver *de* hacer algo. -- *con* sus ojos. -- *por* un agujero.

Verse *con* alguien. -- *en* un apuro.

Verter *al* suelo. -- *al*, *en* castellano. -- *de* cántaro. -- *en* el jarro.

Vestir *a* la moda. -- *de* máscara.

Vestirse *con* lo ajeno. -- *de* paño.

Viciarse *con* el, *del* trato de alguno.

Vigilar *en* defensa de la ciudad. -- *por* el bien público. -- *sobre* sus súbditos.

Vincular (la gloria) *en* la virtud. -- *sobre* una hacienda.

Vindicar, o vindicarse, *de* la injuria.

Violentarse *a*, *en* alguna cosa.

Virar *a*, *hacia* la costa. -- *en* redondo.

Vivir *a* su gusto. -- *con* su suegro. -- *de* limosna. -- *en* paz. -- *para* ver. -- *por* milagro. -- *sobre* la faz de la tierra.

Volar *al* cielo. -- *de* rama en rama. -- *por* muy alto.

Volver *a* casa. -- *de* la aldea. -- *en* sí. -- *hacia* tal parte. -- *por* tal camino. -- *por* la verdad. -- *sobre* sí.

Votar (una novena) *a* la Virgen. -- *con* la mayoría. -- *en* el pleito. -- *por* alguno.

Z

Zafarse *de* alguna persona. -- *del* compromiso.

Zambullir, o zambullirse, *en* el agua.

Zamparse *en* la sala.

Zampuzar, o zampuzarse, *en* el agua.

Zozobrar *en* la tormenta.

modelos de los
verbos conjugados

haber

Auxiliar, porque se usa para formar los tiempos compuestos de la conjugación

INDICATIVO

Presente	**Pret. perf. o comp.**	
he	he	habido
has	has	habido
ha	ha	habido
hemos	hemos	habido
habéis	habéis	habido
han	han	habido

Pret. imperf.	**Pret. pluscuamp.**	
había	había	habido
habías	habías	habido
había	había	habido
habíamos	habíamos	habido
habíais	habíais	habido
habían	habían	habido

Pret. indef.	**Pret. anterior**	
hube	hube	habido
hubiste	hubiste	habido
hubo	hubo	habido
hubimos	hubimos	habido
hubisteis	hubisteis	habido
hubieron	hubieron	habido

Fut. imperf.	**Fut. perf.**	
habré	habré	habido
habrás	habrás	habido
habrá	habrá	habido
habremos	habremos	habido
habréis	habréis	habido
habrán	habrán	habido

Pot. simple	**Pot. perf. o comp.**	
habría	habría	habido
habrías	habrías	habido
habría	habría	habido
habríamos	habríamos	habido
habríais	habríais	habido
habrían	habrían	habido

SUBJUNTIVO

Presente	**Pret. perf.**	
haya	haya	habido
hayas	hayas	habido
haya	haya	habido
hayamos	hayamos	habido
hayáis	hayáis	habido
hayan	hayan	habido

Pret. imperf.	**Pret. pluscuamp.**	
hubiera	hubiera	
hubiese	o hubiese	habido
hubieras	hubieras	
hubieses	o hubieses	habido
hubiera	hubiera	
hubiese	o hubiese	habido
hubiéramos	hubiéramos	
hubiésemos	o hubiésemos	habido
hubierais	hubierais	
hubieseis	o hubieseis	habido
hubieran	hubieran	
hubiesen	o hubiesen	habido

Fut. imperf.	**Fut. perf.**	
hubiere	hubiere	habido
hubieres	hubieres	habido
hubiere	hubiere	habido
hubiéremos	hubiéremos	habido
hubiereis	hubiereis	habido
hubieren	hubieren	habido

IMPERATIVO

Presente	
he	tú
haya	él
hayamos	nosotros
habed	vosotros
hayan	ellos

FORMAS NO PERSONALES

Infinitivo	**Infinitivo comp.**	
haber	haber	habido
Gerundio	**Gerundio comp.**	
habiendo	habiendo	habido
Participio		
habido		

INDICATIVO

Presente	Pret. perf. o comp.	
soy	he	sido
eres	has	sido
es	ha	sido
somos	hemos	sido
sois	habéis	sido
son	han	sido

Pret. imperf.	Pret. pluscuamp.	
era	había	sido
eras	habías	sido
era	había	sido
éramos	habíamos	sido
erais	habíais	sido
eran	habían	sido

Pret. indef.	Pret. anterior	
fui	hube	sido
fuiste	hubiste	sido
fue	hubo	sido
fuimos	hubimos	sido
fuisteis	hubisteis	sido
fueron	hubieron	sido

Fut. imperf.	Fut. perf.	
seré	habré	sido
serás	habrás	sido
será	habrá	sido
seremos	habremos	sido
seréis	habréis	sido
serán	habrán	sido

Pot. simple	Pot. perf. o comp.	
sería	habría	sido
serías	habrías	sido
sería	habría	sido
seríamos	habríamos	sido
seríais	habríais	sido
serían	habrían	sido

SUBJUNTIVO

Presente	Pret. perf.	
sea	haya	sido
seas	hayas	sido
sea	haya	sido
seamos	hayamos	sido
seáis	hayáis	sido
sean	hayan	sido

Pret. imperf.	Pret. pluscuamp.	
fuera	hubiera	
o fuese	o hubiese	sido
fueras	hubieras	
o fueses	o hubieses	sido
fuera	hubiera	
o fuese	o hubiese	sido
fuéramos	hubiéramos	
o fuésemos	o hubiésemos	sido
fuerais	hubierais	
o fueseis	o hubieseis	sido
fueran	hubieran	
o fuesen	o hubiesen	sido

Fut. imperf.	Fut. perf.	
fuere	hubiere	sido
fueres	hubieres	sido
fuere	hubiere	sido
fuéremos	hubiéremos	sido
fuereis	hubiereis	sido
fueren	hubieren	sido

IMPERATIVO

Presente

sé	tú
sea	él
seamos	nosotros
sed	vosotros
sean	ellos

FORMAS NO PERSONALES

Infinitivo	Infinitivo comp.	
ser	haber	sido
Gerundio	**Gerundio comp.**	
siendo	habiendo	sido
Participio		
sido		

3 amar

Modelo de los verbos regulares de la 1ª conjugación ar.

INDICATIVO

Presente	Pret. perf. o comp.	
amo	he	amado
amas	has	amado
ama	ha	amado
amamos	hemos	amado
amáis	habéis	amado
aman	han	amado

Pret. imperf.	Pret. pluscuamp.	
amaba	había	amado
amabas	habías	amado
amaba	había	amado
amábamos	habíamos	amado
amabais	habíais	amado
amaban	habían	amado

Fut. imperf.	Pret. anterior	
amé	hube	amado
amaste	hubiste	amado
amó	hubo	amado
amamos	hubimos	amado
amasteis	hubisteis	amado
amaron	hubieron	amado

Fut imperf.	Fut. perf.	
amaré	habré	amado
amarás	habrás	amado
amará	habrá	amado
amaremos	habremos	amado
amaréis	habréis	amado
amarán	habrán	amado

Pot. simple	Pot. perf. o comp.	
amaría	habría	amado
amarías	habrías	amado
amaría	habría	amado
amaríamos	habríamos	amado
amaríais	habríais	amado
amarían	habrían	amado

SUBJUNTIVO

Presente	Pret. perf.	
ame	haya	amado
ames	hayas	amado
ame	haya	amado
amemos	hayamos	amado
améis	hayáis	amado
amen	hayan	amado

Pret. imperf.	Pret. pluscuamp.	
amara	hubiera	
o amase	o hubiese	amado
amaras	hubieras	
o amases	o hubieses	amado
amara	hubiera	
o amase	o hubiese	amado
amáramos	hubiéramos	
o amásemos	o hubiésemos	amado
amarais	hubierais	
o amaseis	o hubieseis	amado
amaran	hubieran	
o amasen	o hubiesen	amado

Fut. imperf.	Fut. perf.	
hubiere	amado	
hubieres	amado	
hubiere	amado	
hubiéremos	amado	
hubiereis	amado	
hubieren	amado	

IMPERATIVO

Presente	
ama	tú
ame	él
amemos	nosotros
amad	vosotros
amen	ellos

FORMAS NO PERSONALES

Infinitivo	Infinitivo comp.	
amar	haber	amado
Gerundio	**Gerundio comp.**	
amando	habiendo	amado
Participio		
amado		

Modelo de los verbos regulares de la 2ª conjugación er.

temer 4

INDICATIVO

Presente	Pret. perf. o comp.	
temo	he	temido
temes	has	temido
teme	ha	temido
tememos	hemos	temido
teméis	habéis	temido
temen	han	temido

Pret. imperf.	Pret. pluscuamp.	
temía	había	temido
temías	habías	temido
temía	había	temido
temíamos	habíamos	temido
temíais	habíais	temido
temían	habían	temido

Pret. indef.	Pret. anterior	
temí	hube	temido
temiste	hubiste	temido
temió	hubo	temido
temimos	hubimos	temido
temisteis	hubisteis	temido
temieron	hubieron	temido

Fut. imperf.	Fut. perf.	
temeré	habré	temido
temerás	habrás	temido
temerá	habrá	temido
temeremos	habremos	temido
temeréis	habréis	temido
temerán	habrán	temido

Pot. simple	Pot. perf. o comp.	
temería	habría	temido
temerías	habrías	temido
temería	habría	temido
temeríamos	habríamos	temido
temeríais	habríais	temido
temerían	habrían	temido

SUBJUNTIVO

Presente	Pret. perf.	
tema	haya	temido
temas	hayas	temido
tema	haya	temido
temamos	hayamos	temido
temáis	hayáis	temido
teman	hayan	temido

Pret. imperf.	Pret. pluscuamp.	
temiera	hubiera	
o temiese	o hubiese	temido
temieras	hubieras	
o temieses	o hubieses	temido
temiera	hubiera	
o temiese	o hubiese	temido
temiéramos	hubiéramos	
o temiésemos	o hubiésemos	temido
temierais	hubierais	
o temieseis	o hubieseis	temido
temieran	hubieran	
o temiesen	o hubiesen	temido

Fut. imperf.	Fut. perf.	
temiere	hubiere	temido
temieres	hubieres	temido
temiere	hubiere	temido
temiéremos	hubiéremos	temido
temiéreis	hubiereis	temido
temieren	hubieren	temido

IMPERATIVO

Presente

teme	tú
tema	él
temamos	nosotros
temed	vosotros
teman	ellos

FORMAS NO PERSONALES

Infinitivo	Infinitivo comp.	
temer	haber	temido
Gerundio	**Gerundio comp.**	
temiendo	habiendo	temido
Participio		
temido		

INDICATIVO

Presente	Pret. perf. o comp.	
parto	he	partido
partes	has	partido
parte	ha	partido
partimos	hemos	partido
partís	habéis	partido
parten	han	partido

Pret. imperf.	Pret. pluscuamp.	
partía	había	partido
partías	habías	partido
partía	había	partido
partíamos	habíamos	partido
partíais	habíais	partido
partían	habían	partido

Pret. indef.	Pret. anterior	
partí	hube	partido
partiste	hubiste	partido
partió	hubo	partido
partimos	hubimos	partido
partisteis	hubisteis	partido
partieron	hubieron	partido

Fut. imperf.	Fut. perf.	
partiré	habré	partido
partirás	habrás	partido
partirá	habrá	partido
partiremos	habremos	partido
partiréis	habréis	partido
partirán	habrán	partido

Pot. simple	Pot. perf. o comp.	
partiría	habría	partido
partirías	habrías	partido
partiría	habría	partido
partiríamos	habríamos	partido
partiríais	habríais	partido
partirían	habrían	partido

SUBJUNTIVO

Presente	Pret. perf.	
parta	haya	partido
partas	hayas	partido
parta	haya	partido
partamos	hayamos	partido
partáis	hayáis	partido
partan	hayan	partido

Pret. imperf.	Pret. pluscuamp.	
partiera	hubiera	
o partiese	o hubiese	partido
partieras	hubieras	
o partieses	o hubieses	partido
partiera	hubiera	
o partiese	o hubiese	partido
partiéramos	hubiéramos	
o partiésemos	o hubiésemos	partido
partierais	hubierais	
o partieseis	o hubieseis	partido
partieran	hubieran	
o partiesen	o hubiesen	partido

Fut. imperf.	Fut. perf.	
partiere	hubiere	partido
partieres	hubieres	partido
partiere	hubiere	partido
partiéremos	hubiéremos	partido
partiereis	hubiereis	partido
partieren	hubieren	partido

IMPERATIVO

Presente

parte	tú
parta	él
partamos	nosotros
partid	vosotros
partan	ellos

FORMAS NO PERSONALES

Infinitivo	Infinitivo comp.	
partir	haber	partido
Gerundio	**Gerundio comp.**	
partiendo	habiendo	partido
Participio		
partido		

Diptonga la e en ie cuando es tónica. Pertenece a la 1ª clase de verbos irregulares.

acertar | 6

INDICATIVO

Presente	Pret. perf. o comp.	
acierto	he	acertado
aciertas	has	acertado
acierta	ha	acertado
acertamos	hemos	acertado
acertáis	habéis	acertado
aciertan	han	acertado

Pret. imperf.	Pret. pluscuamp.	
acertaba	había	acertado
acertabas	habías	acertado
acertaba	había	acertado
acertábamos	habíamos	acertado
acertabais	habíais	acertado
acertaban	habían	acertado

Pret. indef.	Pret. anterior	
acerté	hube	acertado
acertaste	hubiste	acertado
acertó	hubo	acertado
acertamos	hubimos	acertado
acertasteis	hubisteis	acertado
acertaron	hubieron	acertado

Fut. imperf.	Fut. perf.	
acertaré	habré	acertado
acertarás	habrás	acertado
acertará	habrá	acertado
acertaremos	habremos	acertado
acertaréis	habréis	acertado
acertarán	habrán	acertado

Pot. simple	Pot. perf. o comp.	
acertaría	habría	acertado
acertarías	habrías	acertado
acertaría	habría	acertado
acertaríamos	habríamos	acertado
acertaríais	habríais	acertado
acertarían	habrían	acertado

SUBJUNTIVO

Presente	Pret. perf.	
acierte	haya	acertado
aciertes	hayas	acertado
acierte	haya	acertado
acertemos	hayamos	acertado
acertéis	hayáis	acertado
acierten	hayan	acertado

Pret. imperf.	Pret. pluscuamp.	
acertara	hubiera	
o acertase	o hubiese	acertado
acertaras	hubieras	
o acertases	o hubieses	acertado
acertara	hubiera	
o acertase	o hubiese	acertado
acertáramos	hubiéramos	
o acertásemos	o hubiésemos	acertado
acertarais	hubierais	
o acertaseis	o hubieseis	acertado
acertaran	hubieran	
o acertasen	o hubiesen	acertado

Fut. imperf.	Fut. perf.	
acertare	hubiere	acertado
acertares	hubieres	acertado
acertare	hubiere	acertado
acertáremos	hubiéremos	acertado
acertareis	hubiereis	acertado
acertaren	hubieren	acertado

IMPERATIVO

Presente

acierta	tú
acierte	él
acertemos	nosotros
acertad	vosotros
acierten	ellos

FORMAS NO PERSONALES

Infinitivo	Infinitivo comp.	
acertar	haber	acertado
Gerundio	**Gerundio comp.**	
acertando	habiendo	acertado
Participio		
acertado		

7 | tender

Diptonga la e en ie cuando es tónica. Pertenece a la 1ª clase de verbos irregulares.

INDICATIVO

Presente

tiendo
tiendes
tiende
tendemos
tendéis
tienden

Pret. perf. o comp.

he tendido
has tendido
ha tendido
hemos tendido
habéis tendido
han tendido

Pret. imperf.

tendía
tendías
tendía
tendíamos
tendíais
tendían

Pret. pluscuamp.

había tendido
habías tendido
había tendido
habíamos tendido
habíais tendido
habían tendido

Pret. indef.

tendí
tendiste
tendió
tendimos
tendisteis
tendieron

Pret. anterior

hube tendido
hubiste tendido
hubo tendido
hubimos tendido
hubisteis tendido
hubieron tendido

Fut. imperf.

tenderé
tenderás
tenderá
tenderemos
tenderéis
tenderán

Fut. perf.

habré tendido
habrás tendido
habrá tendido
habremos tendido
habréis tendido
habrán tendido

Pot. simple

tendería
tenderías
tendería
tenderíamos
tenderíais
tenderían

Pot. perf. o comp.

habría tendido
habrías tendido
habría tendido
habríamos tendido
habríais tendido
habrían tendido

SUBJUNTIVO

Presente

tienda
tiendas
tienda
tendamos
tendáis
tiendan

Pret. perf.

haya tendido
hayas tendido
haya tendido
hayamos tendido
hayáis tendido
hayan tendido

Pret. imperf.

tendiera
o tendiese
tendieras
o tendieses
tendiera
o tendiese
tendiéramos
o tendiésemos
tendierais
o tendieseis
tendieran
o tendiesen

Pret. pluscuamp.

hubiera
o hubiese tendido
hubieras
o hubieses tendido
hubiera
o hubiese tendido
hubiéramos
o hubiésemos tendido
hubierais
o hubieseis tendido
hubieran
o hubiesen tendido

Fut. imperf.

tendiere
tendieres
tendiere
tendiéremos
tendiereis
tendieren

Fut. perf.

hubiere tendido
hubieres tendido
hubiere tendido
hubiéremos tendido
hubiereis tendido
hubieren tendido

IMPERATIVO

Presente

tiende tú
tienda él
tendamos nosotros
tended vosotros
tiendan ellos

FORMAS NO PERSONALES

Infinitivo

tender

Infinitivo comp.

haber tendido

Gerundio

tendiendo

Gerundio comp.

habiendo tendido

Participio

tendido

Diptonga la *e* en *ie* cuando es tónica. Pertenece a la 1ª clase de verbos irregulares.

discernir 8

INDICATIVO

Presente
discierno
disciernes
disciernes
discernimos
discernís
disciernen

Pret. perf. o comp.
he discernido
has discernido
ha discernido
hemos discernido
habéis discernido
han discernido

Pret. imperf.
discernía
discernías
discernía
discerníamos
discerníais
discernían

Pret. pluscuamp.
había discernido
habías discernido
había discernido
habíamos discernido
habíais discernido
habían discernido

Pret. indef.
discerní
discerniste
discernió
discernimos
discernisteis
discernieron

Pret. anterior
hube discernido
hubiste discernido
hubo discernido
hubimos discernido
hubisteis discernido
hubieron discernido

Fut. imperf.
discerniré
discernirás
discernirá
discerniremos
discerniréis
discernirán

Fut. perf.
habré discernido
habrás discernido
habrá discernido
habremos discernido
habréis discernido
habrán discernido

Pot. simple
discerniría
discernirías
discerniría
discerniríamos
discerniríais
discernirían

Pot. perf. o comp.
habría discernido
habrías discernido
habría discernido
habríamos discernido
habríais discernido
habrían discernido

SUBJUNTIVO

Presente
discierna
disciernas
discierna
discernamos
discernáis
disciernan

Pret. perf.
haya discernido
hayas discernido
haya discernido
hayamos discernido
hayáis discernido
hayan discernido

Pret. imperf.
discerniera
o discerniese
discernieras
o discernieses
discerniera
o discerniese
discerniéramos
o discerniésemos
discernierais
o discernieseis
discernieran
o discerniesen

Pret. pluscuamp.
hubiera
o hubiese discernido
hubieras
o hubieses discernido
hubiera
o hubiese discernido
hubiéramos
o hubiésemos discernido
hubierais
o hubieseis discernido
hubieran
o hubiesen discernido

Fut. imperf.
discerniere
discernieres
discerniere
discerniéremos
discerniereis
discernieren

Fut. perf.
hubiere discernido
hubieres discernido
hubiere discernido
hubiéremos discernido
hubiereis discernido
hubieren discernido

IMPERATIVO

Presente
discierne tú
discierna él
discernamos nosotros
discernid vosotros
disciernan ellos

FORMAS NO PERSONALES

Infinitivo
discernir

Infinitivo comp.
haber discernido

Gerundio
discerniendo

Gerundio comp.
habiendo discernido

Participio
discernido

9 | contar

Diptonga la *o* en *ue* cuando es tónica. Pertenece a la 2ª clase de verbos irregulares.

INDICATIVO

Presente	Pret. perf. o comp.	
cuento	he	contado
cuentas	has	contado
cuenta	ha	contado
contamos	hemos	contado
contáis	habéis	contado
cuentan	han	contado

Pret. imperf.	Pret. pluscuamp.	
contaba	había	contado
contabas	habías	contado
contaba	había	contado
contábamos	habíamos	contado
contabais	habíais	contado
contaban	habían	contado

Pret. indef.	Pret. anterior	
conté	hube	contado
contaste	hubiste	contado
contó	hubo	contado
contamos	hubimos	contado
contasteis	hubisteis	contado
contaron	hubieron	contado

Fut. imperf.	Fut. perf.	
contaré	habré	contado
contarás	habrás	contado
contará	habrá	contado
contaremos	habremos	contado
contaréis	habréis	contado
contarán	habrán	contado

Pot. simple	Pot. perf. o comp.	
contaría	habría	contado
contarías	habrías	contado
contaría	habría	contado
contaríamos	habríamos	contado
contaríais	habríais	contado
contarían	habrían	contado

SUBJUNTIVO

Presente	Pret. perf.	
cuente	haya	contado
cuentes	hayas	contado
cuente	haya	contado
contemos	hayamos	contado
contéis	hayáis	contado
cuenten	hayan	contado

Pret. imperf.	Pret. pluscuamp.	
contara	hubiera	
o contase	o hubiese	contado
contaras	hubieras	
o contases	o hubieses	contado
contara	hubiera	
o contase	o hubiese	contado
contáramos	hubiéramos	
o contásemos	o hubiésemos	contado
contarais	hubierais	
o contaseis	o hubieseis	contado
contaran	hubieran	
o contasen	o hubiesen	contado

Fut. imperf.	Fut. perf.	
contare	hubiere	contado
contares	hubieres	contado
contare	hubiere	contado
contáremos	hubiéremos	contado
contareis	hubiereis	contado
contaren	hubieren	contado

IMPERATIVO

Presente

cuenta	tú
cuente	él
contemos	nosotros
contad	vosotros
cuenten	ellos

FORMAS NO PERSONALES

Infinitivo	Infinitivo comp.	
contar	haber	contado
Gerundio	**Gerundio comp.**	
contando	habiendo	contado
Participio		
contado		

Diptonga la o en *ue* cuando es tónica. Pertenece a la 2ª clase de verbos irregulares.

mover 10

INDICATIVO

Presente	**Pret. perf. o comp.**	
muevo	he	movido
mueves	has	movido
mueve	ha	movido
movemos	hemos	movido
movéis	habéis	movido
mueven	han	movido

Pret. imperf.	**Pret. pluscuamp.**	
movía	había	movido
movías	habías	movido
movía	había	movido
movíamos	habíamos	movido
movíais	habíais	movido
movían	habían	movido

Pret. indef.	**Pret. anterior**	
moví	hube	movido
moviste	hubiste	movido
movió	hubo	movido
movimos	hubimos	movido
movisteis	hubisteis	movido
movieron	hubieron	movido

Fut. imperf.	**Fut. perf.**	
moveré	habré	movido
moverás	habrás	movido
moverá	habrá	movido
moveremos	habremos	movido
moveréis	habréis	movido
moverán	habrán	movido

Pot. simple	**Pot. perf. o comp.**	
movería	habría	movido
moverías	habrías	movido
movería	habría	movido
moveríamos	habríamos	movido
moveríais	habríais	movido
moverían	habrían	movido

SUBJUNTIVO

Presente	**Pret. perf.**	
mueva	haya	movido
muevas	hayas	movido
mueva	haya	movido
movamos	hayamos	movido
mováis	hayáis	movido
muevan	hayan	movido

Pret. imperf.	**Pret. pluscuamp.**	
moviera	hubiera	
o moviese	o hubiese	movido
movieras	hubieras	
o movieses	o hubieses	movido
moviera	hubiera	
o moviese	o hubiese	movido
moviéramos	hubiéramos	
o moviésemos	o hubiésemos	movido
movierais	hubierais	
o movieseis	o hubieseis	movido
movieran	hubieran	
o moviesen	o hubiesen	movido

Fut. imperf.	**Fut. perf.**	
moviere	hubiere	movido
movieres	hubieres	movido
moviere	hubiere	movido
moviéremos	hubiéremos	movido
moviereis	hubiereis	movido
movieren	hubieren	movido

IMPERATIVO

Presente	
mueve	tú
mueva	él
movamos	nosotros
moved	vosotros
muevan	ellos

FORMAS NO PERSONALES

Infinitivo	**Infinitivo comp.**	
mover	haber	movido
Gerundio	**Gerundio comp.**	
moviendo	habiendo	movido
Participio		
movido		

11 | nacer

Toma *z* antes de la *c* radical siempre que ésta tenga sonido fuerte de *k*, es decir, cuando la *c* va seguida de *o* o de *a*.

INDICATIVO

Presente	Pret. perf. o comp.	
nazco	he	nacido
naces	has	nacido
nace	ha	nacido
nacemos	hemos	nacido
nacéis	habéis	nacido
nacen	han	nacido

Pret. imperf.	Pret. pluscuamp.	
nacía	había	nacido
nacías	habías	nacido
nacía	había	nacido
nacíamos	habíamos	nacido
nacíais	habíais	nacido
nacían	habían	nacido

Pret. indef.	Pret. anterior	
nací	hube	nacido
naciste	hubiste	nacido
nació	hubo	nacido
nacimos	hubimos	nacido
nacisteis	hubisteis	nacido
nacieron	hubieron	nacido

Fut. imperf.	Fut. perf.	
naceré	habré	nacido
nacerás	habrás	nacido
nacerá	habrá	nacido
naceremos	habremos	nacido
naceréis	habréis	nacido
nacerán	habrán	nacido

Pot. simple	Pot. perf. o comp.	
nacería	habría	nacido
nacerías	habrías	nacido
nacería	habría	nacido
naceríamos	habríamos	nacido
naceríais	habríais	nacido
nacerían	habrían	nacido

SUBJUNTIVO

Presente	Pret. perf.	
nazca	haya	nacido
nazcas	hayas	nacido
nazca	haya	nacido
nazcamos	hayamos	nacido
nazcáis	hayáis	nacido
nazcan	hayan	nacido

Pret. imperf.	Pret. pluscuamp.	
naciera	hubiera	
o naciese	o hubiese	nacido
nacieras	hubieras	
o nacieses	o hubieses	nacido
naciera	hubiera	
o naciese	o hubiese	nacido
naciéramos	hubiéramos	
o naciésemos	o hubiésemos	nacido
nacierais	hubierais	
o nacieseis	o hubieseis	nacido
nacieran	hubieran	
o naciesen	o hubiesen	nacido

Fut. imperf.	Fut. perf.	
naciere	hubiere	nacido
nacieres	hubieres	nacido
naciere	hubiere	nacido
naciéremos	hubiéremos	nacido
naciereis	hubiereis	nacido
nacieren	hubieren	nacido

IMPERATIVO

Presente

nace	tú
nazca	él
nazcamos	nosotros
naced	vosotros
nazcan	ellos

FORMAS NO PERSONALES

Infinitivo	Infinitivo comp.	
nacer	haber	nacido
Gerundio	**Gerundio comp.**	
naciendo	habiendo	nacido
Participio		
nacido		

En los tiempos del 1er. grupo toma z antes de la c radical; en los del 2º grupo cambia la c en j y carece de la i de las desinencias regulares.

INDICATIVO

Presente	Pret. perf. o comp.	
conduzco	he	conducido
conduces	has	conducido
conduce	ha	conducido
conducimos	hemos	conducido
conducís	habéis	conducido
conducen	han	conducido

Pret. imperf.	Pret. pluscuamp.	
conducía	había	conducido
conducías	habías	conducido
conducía	había	conducido
conducíamos	habíamos	conducido
conducíais	habíais	conducido
conducían	habían	conducido

Pret. indef.	Pret. anterior	
conduje	hube	conducido
condujiste	hubiste	conducido
condujo	hubo	conducido
condujimos	hubimos	conducido
condujisteis	hubisteis	conducido
condujeron	hubieron	conducido

Fut. imperf.	Fut. perf.	
conduciré	habré	conducido
conducirás	habrás	conducido
conducirá	habrá	conducido
conduciremo	habremos	conducido
conduciréis	habréis	conducido
conducirán	habrán	conducido

Pot. simple	Pot. perf. o comp.	
conduciría	habría	conducido
conducirías	habrías	conducido
conduciría	habría	conducido
conduciríamos	habríamos	conducido
conduciríais	habríais	conducido
conducirían	habrían	conducido

SUBJUNTIVO

Presente	Pret. perf.	
conduzca	haya	conducido
conduzcas	hayas	conducido
conduzca	haya	conducido
conduzcamos	hayamos	conducido
conduzcáis	hayáis	conducido
conduzcan	hayan	conducido

Pret. imperf.	Pret. pluscuamp.	
condujera	hubiera	
o condujese	o hubiese	conducido
condujeras	hubieras	
o condujeses	o hubieses	conducido
condujera	hubiera	
o condujese	o hubiese	conducido
condujéramos	hubiéramos	
o condujésemos	o hubiésemos	conducido
condujerais	hubierais	
o condujeseis	o hubieseis	conducido
condujeran	hubieran	
o condujesen	o hubiesen	conducido

Fut. imperf.	Fut. perf.	
condujere	hubiere	conducido
condujeres	hubieres	conducido
condujere	hubiere	conducido
condujéremos	hubiéremos	conducido
condujereis	hubiereis	conducido
condujeren	hubieren	conducido

IMPERATIVO

Presente	
conduce	tú
conduzca	él
conduzcamos	nosotros
conducid	vosotros
conduzcan	ellos

FORMAS NO PERSONALES

Infinitivo	Infinitivo comp.	
conducir	haber	conducido
Gerundio	**Gerundio comp.**	
conduciendo	habiendo	conducido
Participio		
conducido		

13 | tañer

No tiene la *i* de las desinencias ió, ieron, iera, ieras, etc.; iese, ieses, etc.; iere, ie-res, etc. de los tiempos del 2º grupo, ni la del gerundio iendo. Idéntica conjugación tienen los verbos terminados en *eller* y *ullir*.

INDICATIVO

Presente	Pret. perf. o comp.	
taño	he	tañido
tañes	has	tañido
tañe	ha	tañido
tañemos	hemos	tañido
tañéis	habéis	tañido
tañen	han	tañido

Pret. imperf.	Pret. pluscuamp.	
tañía	había	tañido
tañías	habías	tañido
tañía	había	tañido
tañíamos	habíamos	tañido
tañíais	habíais	tañido
tañían	habían	tañido

Pret. indef.	Pret. anterior	
tañí	hube	tañido
tañiste	hubiste	tañido
tañó	hubo	tañido
tañimos	hubimos	tañido
tañisteis	hubisteis	tañido
tañeron	hubieron	tañido

Fut. imperf.	Fut. perf.	
tañeré	habré	tañido
tañerás	habrás	tañido
tañerá	habrá	tañido
tañeremos	habremos	tañido
tañeréis	habréis	tañido
tañerán	habrán	tañido

Pot. simple	Pot. perf. o comp.	
tañería	habría	tañido
tañerías	habrías	tañido
tañería	habría	tañido
tañeríamos	habríamos	tañido
tañeríais	habríais	tañido
tañerían	habrían	tañido

SUBJUNTIVO

Presente	Pret. perf.	
taña	haya	tañido
tañas	hayas	tañido
taña	haya	tañido
tañamos	hayamos	tañido
tañáis	hayáis	tañido
tañan	hayan	tañido

Pret. imperf.	Pret. pluscuamp.	
tañera	hubiera	
o tañese	o hubiese	tañido
tañeras	hubieras	
o tañeses	o hubieses	tañido
tañera	hubiera	
o tañese	o hubiese	tañido
tañéramos	hubiéramos	
o tañésemos	o hubiésemos	tañido
tañerais	hubierais	
o tañeseis	o hubieseis	tañido
tañeran	hubieran	
o tañesen	o hubiesen	tañido

Fut. imperf.	Fut. perf.	
tañere	hubiere	tañido
tañeres	hubieres	tañido
tañere	hubiere	tañido
tañéremos	hubiéremos	tañido
tañereis	hubiereis	tañido
tañeren	hubieren	tañido

IMPERATIVO

Presente	
tañe	tú
taña	él
tañamos	nosotros
tañed	vosotros
tañan	ellos

FORMAS NO PERSONALES

Infinitivo	Infinitivo comp.	
tañer	haber	tañido
Gerundio	**Gerundio comp.**	
tañendo	habiendo	tañido
Participio		
tañido		

Cambia en *i* la *e* siempre que ésta sea tónica y siempre que la desinencia empiece por *a* o diptongo.

pedir 14

INDICATIVO

Presente	Pret. perf. o comp.	
pido	he	pedido
pides	has	pedido
pide	ha	pedido
pedimos	hemos	pedido
pedís	habéis	pedido
piden	han	pedido

Pret. imperf.	Pret. pluscuamp.	
pedía	había	pedido
pedías	habías	pedido
pedía	había	pedido
pedíamos	habíamos	pedido
pedíais	habíais	pedido
pedían	habían	pedido

Pret. indef.	Pret. anterior	
pedí	hube	pedido
pediste	hubiste	pedido
pidió	hubo	pedido
pedimos	hubimos	pedido
pedisteis	hubisteis	pedido
pidieron	hubieron	pedido

Fut. imperf.	Fut. perf.	
pediré	habré	pedido
pedirás	habrás	pedido
pedirá	habrá	pedido
pediremos	habremos	pedido
pediréis	habréis	pedido
pedirán	habrán	pedido

Pot. simple	Pot. perf. o comp.	
pediría	habría	pedido
pedirías	habrías	pedido
pediría	habría	pedido
pediríamos	habríamos	pedido
pediríais	habríais	pedido
pedirían	habrían	pedido

SUBJUNTIVO

Presente	Pret. perf.	
pida	haya	pedido
pidas	hayas	pedido
pida	haya	pedido
pidamos	hayamos	pedido
pidáis	hayáis	pedido
pidan	hayan	pedido

Pret. imperf.	Pret. pluscuamp.	
pidiera	hubiera	
o pidiese	o hubiese	pedido
pidieras	hubieras	
o pidieses	o hubieses	pedido
pidiera	hubiera	
o pidiese	o hubiese	pedido
pidiéramos	hubiéramos	
c pidiésemos	o hubiésemos	pedido
pidierais	hubierais	
c pidieseis	o hubieseis	pedido
pidieran	hubieran	
o pidiesen	o hubiesen	pedido

Fut. imperf.	Fut. perf.	
pidiere	hubiere	pedido
pidieres	hubieres	pedido
pidiere	hubiere	pedido
pidiéremos	hubiéremos	pedido
pidiereis	hubiereis	pedido
pidieren	hubieren	pedido

IMPERATIVO

Presente	
pide	tú
pida	él
pidamos	nosotros
pedid	vosotros
pidan	ellos

FORMAS NO PERSONALES

Infinitivo	Infinitivo comp.	
pedir	haber	pedido
Gerundio	**Gerundio comp.**	
pidiendo	habiendo	pedido
Participio		
pedido		

15 ceñir

Cambia en *i* la *e* de la radical y no tiene la *i* de las desinencias de los tiempos del segundo grupo.

INDICATIVO

Presente

	Pret. perf. o comp.	
ciño	he	ceñido
ciñes	has	ceñido
ciñe	ha	ceñido
ceñimos	hemos	ceñido
ceñís	habéis	ceñido
ciñen	han	ceñido

Pret. imperf.

	Pret. pluscuamp.	
ceñía	había	ceñido
ceñías	habías	ceñido
ceñía	había	ceñido
ceñíamos	habíamos	ceñido
ceñíais	habíais	ceñido
ceñían	habían	ceñido

Pret. indef.

	Pret. anterior	
ceñí	hube	ceñido
ceñiste	hubiste	ceñido
ciñó	hubo	ceñido
ceñimos	hubimos	ceñido
ceñisteis	hubisteis	ceñido
ciñeron	hubieron	ceñido

Fut. imperf.

	Fut. perf.	
ceñiré	habré	ceñido
ceñirás	habrás	ceñido
ceñirá	habrá	ceñido
ceñiremos	habremos	ceñido
ceñiréis	habréis	ceñido
ceñirán	habrán	ceñido

Pot. simple

	Pot. perf. o comp.	
ceñiría	habría	ceñido
ceñirías	habrías	ceñido
ceñiría	habría	ceñido
ceñiríamos	habríamos	ceñido
ceñiríais	habríais	ceñido
ceñirían	habrían	ceñido

SUBJUNTIVO

Presente

	Pret. perf.	
ciña	haya	ceñido
ciñas	hayas	ceñido
ciña	haya	ceñido
ciñamos	hayamos	ceñido
ciñáis	hayáis	ceñido
ciñan	hayan	ceñido

Pret. imperf.

	Pret. pluscuamp.	
ciñera	hubiera	
o ciñese	o hubiese	ceñido
ciñeras	hubieras	
o ciñeses	o hubieses	ceñido
ciñera	hubiera	
o ciñese	o hubiese	ceñido
ciñéramos	hubiéramos	
o ciñésemos	o hubiésemos	ceñido
ciñerais	hubierais	
o ciñeseis	o hubieseis	ceñido
ciñeran	hubieran	
o ciñesen	o hubiesen	ceñido

Fut. imperf.

	Fut. perf.	
ciñere	hubiere	ceñido
ciñeres	hubieres	ceñido
ciñere	hubiere	ceñido
ciñéremos	hubiéremos	ceñido
ciñereis	hubiereis	ceñido
ciñeren	hubieren	ceñido

IMPERATIVO

Presente

ciñe	tú
ciña	él
ciñamos	nosotros
ceñid	vosotros
ciñan	ellos

FORMAS NO PERSONALES

Infinitivo	**Infinitivo comp.**	
ceñir	haber	ceñido
Gerundio	**Gerundio comp.**	
ciñendo	habiendo	ceñido
Participio		
ceñido		

Diptonga la e en *ie* siempre que sea tónica y la debilita en *i* siempre que sea átona y la desinencia empiece por a o diptongo.

INDICATIVO

Presente	**Pret. perf. o comp.**	
siento	he	sentido
sientes	has	sentido
siente	ha	sentido
sentimos	hemos	sentido
sentís	habéis	sentido
sienten	han	sentido

Pret. imperf.	**Pret. pluscuamp.**	
sentía	había	sentido
sentías	habías	sentido
sentía	había	sentido
sentíamos	habíamos	sentido
sentíais	habíais	sentido
sentían	habían	sentido

Pret. indef.	**Pret. anterior**	
sentí	hube	sentido
sentiste	hubiste	sentido
sintió	hubo	sentido
sentimos	hubimos	sentido
sentisteis	hubisteis	sentido
sintieron	hubieron	sentido

Fut. imperf.	**Fut. perf.**	
sentiré	habré	sentido
sentirás	habrás	sentido
sentirá	habrá	sentido
sentiremos	habremos	sentido
sentiréis	habréis	sentido
sentirán	habrán	sentido

Pot. simple	**Pot. perf. o comp.**	
sentiría	habría	sentido
sentirías	habrías	sentido
sentiría	habría	sentido
sentiríamos	habríamos	sentido
sentiríais	habríais	sentido
sentirían	habrían	sentido

SUBJUNTIVO

Presente	**Pret. perf.**	
sienta	haya	sentido
sientas	hayas	sentido
sienta	haya	sentido
sintamos	hayamos	sentido
sintáis	hayáis	sentido
sientan	hayan	sentido

Pret. imperf.	**Pret. pluscuamp.**	
sintiera	hubiera	
o sintiese	o hubiese	sentido
sintieras	hubieras	
o sintieses	o hubieses	sentido
sintiera	hubiera	
o sintiese	o hubiese	sentido
sintiéramos	hubiéramos	
o sintiésemos	o hubiésemos	sentido
sintierais	hubierais	
o sintieseis	o hubieseis	sentido
sintieran	hubieran	
o sintiesen	o hubiesen	sentido

Fut. imperf.	**Fut. perf.**	
sintiere	hubiere	sentido
sintieres	hubieres	sentido
sintiere	hubiere	sentido
sintiéremos	hubiéremos	sentido
sintiereis	hubiereis	sentido
sintieren	hubieren	sentido

IMPERATIVO

Presente	
siente	tú
sienta	él
sintamos	nosotros
sentid	vosotros
sientan	ellos

FORMAS NO PERSONALES

Infinitivo	**Infinitivo comp.**	
sentir	haber	sentido
Gerundio	**Gerundio comp.**	
sintiendo	habiendo	sentido
Participio		
sentido		

Tiene *ue* en vez de *u* cuando ésta es tónica.

INDICATIVO

Presente	**Pret. perf. o comp.**	
juego	he	jugado
juegas	has	jugado
juega	ha	jugado
jugamos	hemos	jugado
jugáis	habéis	jugado
juegan	han	jugado

Pret. imperf	**Pret. pluscuamp.**	
jugaba	había	jugado
jugabas	habías	jugado
jugaba	había	jugado
jugábamos	habíamos	jugado
jugabais	habíais	jugado
jugaban	habían	jugado

Pret. indef.	**Pret. anterior**	
jugué	hube	jugado
jugaste	hubiste	jugado
jugó	hubo	jugado
jugamos	hubimos	jugado
jugasteis	hubisteis	jugado
jugaron	hubieron	jugado

Fut. imperf.	**Fut. perf.**	
jugaré	habré	jugado
jugarás	habrás	jugado
jugará	habrá	jugado
jugaremos	habremos	jugado
jugaréis	habréis	jugado
jugarán	habrán	jugado

Pot. simple	**Pot. perf. o comp.**	
jugaría	habría	jugado
jugarías	habrías	jugado
jugaría	habría	jugado
jugaríamos	habríamos	jugado
jugaríais	habríais	jugado
jugarían	habrían	jugado

SUBJUNTIVO

Presente	**Pret. perf.**	
juegue	haya	jugado
juegues	hayas	jugado
juegue	haya	jugado
juguemos	hayamos	jugado
jugueis	hayáis	jugado
jueguen	hayan	jugado

Pret. imperf.	**Pret. pluscuamp.**	
jugara	hubiera	
o jugase	o hubiese	jugado
jugaras	hubieras	
o jugases	o hubieses	jugado
jugara	hubiera	
o jugase	o hubiese	jugado
jugáramos	hubiéramos	
o jugásemos	o hubiésemos	jugado
jugárais	hubierais	
o jugaseis	o hubieseis	jugado
jugaran	hubieran	
o jugasen	o hubiesen	jugado

Fut. imperf.	**Fut. perf.**	
jugare	hubiere	jugado
jugares	hubieres	jugado
jugare	hubiere	jugado
jugáremos	hubiéremos	jugado
jugáreis	hubiereis	jugado
jugaren	hubieren	jugado

IMPERATIVO

Presente

juega	tú
juegue	él
juguemos	nosotros
jugad	vosotros
jueguen	ellos

FORMAS NO PERSONALES

Infinitivo	**Infinitivo comp.**	
jugar	haber	jugado
Gerundio	**Gerundio comp.**	
jugando	habiendo	jugado
Participio		
jugado		

adquirir 18

INDICATIVO

Presente	Pret. perf. o comp.	
adquiero	he	adquirido
adquieres	has	adquirido
adquiere	ha	adquirido
adquirimos	hemos	adquirido
adquirís	habéis	adquirido
adquieren	han	adquirido

Pret. imperf.	Pret. pluscuamp.	
adquiría	había	adquirido
adquirías	habías	adquirido
adquiría	había	adquirido
adquiríamos	habíamos	adquirido
adquiríais	habíais	adquirido
adquirían	habían	adquirido

Pret. indef.	Pret. anterior	
adquirí	hube	adquirido
adquiriste	hubiste	adquirido
adquirió	hubo	adquirido
adquirimos	hubimos	adquirido
adquiristeis	hubisteis	adquirido
adquirieron	hubieron	adquirido

Fut. imperf.	Fut. perf.	
adquiriré	habré	adquirido
adquirirás	habrás	adquirido
adquirirá	habrá	adquirido
adquiriremos	habremos	adquirido
adquiriréis	habréis	adquirido
adquirirán	habrán	adquirido

Pot. simple	Pot. perf. o comp.	
adquiriría	habría	adquirido
adquirirías	habrías	adquirido
adquiriría	habría	adquirido
adquiriríamos	habríamos	adquirido
adquiriríais	habríais	adquirido
adquirirían	habrían	adquirido

SUBJUNTIVO

Presente	Pret. perf.	
adquiera	haya	adquirido
adquieras	hayas	adquirido
adquiera	haya	adquirido
adquiramos	hayamos	adquirido
adquiráis	hayáis	adquirido
adquieran	hayan	adquirido

Pret. imperf.	Pret. pluscuamp.	
adquiriera	hubiera	
o adquiriese	o hubiese	adquirido
adquirieras	hubieras	
o adquirieses	o hubieses	adquirido
adquiriera	hubiera	
o adquiriese	o hubiese	adquirido
adquiriéramos	hubiéramos	
o adquiriésemos	o hubiésemos	adquirido
adquirierais	hubierais	
o adquirieseis	o hubieseis	adquirido
adquirieran	hubieran	
o adquiriesen	o hubiesen	adquirido

Fut. imperf.	Fut. perf.	
adquiriere	hubiere	adquirido
adquirieres	hubieres	adquirido
adquiriere	hubiere	adquirido
adquiriéremos	hubiéremos	adquirido
adquiriereis	hubiereis	adquirido
adquirieren	hubieren	adquirido

IMPERATIVO

Presente

adquiere	tú
adquiera	él
adquiramos	nosotros
adquirid	vosotros
adquieran	ellos

FORMAS NO PERSONALES

Infinitivo	Infinitivo comp.	
adquirir	haber	adquirido
Gerundio	**Gerundio comp.**	
adquiriendo	habiendo	adquirido
Participio		
adquirido		

19 huir

Toma *y* después de la *u* radical antes de las vocales *a*, *e*, *o* de las desinencias.

INDICATIVO

Presente | **Pret. perf. o comp.**
--- | --- | ---
huyo | he | huido
huyes | has | huido
huyo | ha | huido
huímos | hemos | huido
huís | habéis | huido
huyen | han | huido

Pret. imperf. | **Pret. pluscuamp.**
--- | --- | ---
huía | había | huido
huías | habías | huido
huía | había | huido
huíamos | habíamos | huido
huíais | habíais | huido
huían | habían | huido

Pret. indef. | **Pret. anterior**
--- | --- | ---
huí | hube | huido
huiste | hubiste | huido
huyó | hubo | huido
huímos | hubimos | huido
huisteis | hubisteis | huido
huyeron | hubieron | huido

Fut. imperf. | **Fut. perf.**
--- | --- | ---
huiré | habré | huido
huirás | habrás | huido
huirá | habrá | huido
huiremos | habremos | huido
huiréis | habréis | huido
huirán | habrán | huido

Pot. simple | **Pot. perf. o comp.**
--- | --- | ---
huiría | habría | huido
huirías | habrías | huido
huiría | habría | huido
huiríamos | habríamos | huido
huiríais | habríais | huido
huirían | habrían | huido

SUBJUNTIVO

Presente | **Pret. perf.**
--- | --- | ---
huya | haya | huido
huyas | hayas | huido
huya | haya | huido
huyamos | hayamos | huido
huyáis | hayáis | huido
huyan | hayan | huido

Pret. imperf. | **Pret. pluscuamp.**
--- | --- | ---
huyera | hubiera |
o huyese | o hubiese | huido
huyeras | hubieras |
o huyeses | o hubieses | huido
huyera | hubiera |
o huyese | o hubiese | huido
huyéramos | hubiéramos |
o huyésemos | o hubiésemos | huido
huyerais | hubierais |
o huyeseis | o hubieseis | huido
huyeran | hubieran |
o huyesen | o hubiesen | huido

Fut. imperf. | **Fut. perf.**
--- | --- | ---
huyere | hubiere | huido
huyeres | hubieres | huido
huyere | hubiere | huido
huyéremos | hubiéremos | huido
huyereis | hubiereis | huido
huyeren | hubieren | huido

IMPERATIVO

Presente

huye	tú
huya	él
huyamos	nosotros
huid	vosotros
huyan	ellos

FORMAS NO PERSONALES

Infinitivo | **Infinitivo comp.**
--- | --- | ---
huir | haber | huido
Gerundio | **Gerundio comp.** |
huyendo | habiendo | huido
Participio | |
huido | |

Diptonga la *o* en *ue* cuando la *o* es tónica y la debilita en *u* cuando la desinencia empieza por diptongo o por *a*.

dormir | 20

INDICATIVO

Presente	Pret. perf. o comp.	
duermo	he	dormido
duermes	has	dormido
duerme	ha	dormido
dormimos	hemos	dormido
dormís	habéis	dormido
duermen	han	dormido

Pret. imperf.	Pret. pluscuamp.	
dormía	había	dormido
dormías	habías	dormido
dormía	había	dormido
dormíamos	habíamos	dormido
dormíais	habíais	dormido
dormían	habían	dormido

Pret. indef.	Pret. anterior	
dormí	hube	dormido
dormiste	hubiste	dormido
durmió	hubo	dormido
dormimos	hubimos	dormido
dormisteis	hubisteis	dormido
durmieron	hubieron	dormido

Fut. imperf.	Fut. perf.	
dormiré	habré	dormido
dormirás	habrás	dormido
dormirá	habrá	dormido
dormiremos	habremos	dormido
dormiréis	habréis	dormido
dormirán	habrán	dormido

Pot. simple	Pot. perf. o comp.	
dormiría	habría	dormido
dormirías	habrías	dormido
dormiría	habría	dormido
dormiríamos	habríamos	dormido
dormiríais	habríais	dormido
dormirían	habrían	dormido

SUBJUNTIVO

Presente	Pret. perf.	
duerma	haya	dormido
duermas	hayas	dormido
duerma	haya	dormido
durmamos	hayamos	dormido
durmáis	hayáis	dormido
duerman	hayan	dormido

Pret. imperf.	Pret. pluscuamp.	
durmiera	hubiera	
o durmiese	o hubiese	dormido
durmieras	hubieras	
o durmieses	o hubieses	dormido
durmiera	hubiera	
o durmiese	o hubiese	dormido
durmiéramos	hubiéramos	
o durmiésemos	o hubiésemos	dormido
durmiérais	hubierais	
o durmieseis	o hubieseis	dormido
durmieran	hubieran	
o durmiesen	o hubiesen	dormido

Fut. imperf.	Fut. perf.	
durmiere	hubiere	dormido
durmieres	hubieres	dormido
durmiere	hubiere	dormido
durmiéremos	hubiéremos	dormido
durmiereis	hubiereis	dormido
durmieren	hubieren	dormido

IMPERATIVO

Presente

duerme	tú
duerma	él
durmamos	nosotros
dormid	vosotros
duerman	ellos

FORMAS NO PERSONALES

Infinitivo	Infinitivo comp.	
dormir	haber	dormido

Gerundio	Gerundio comp.	
durmiendo	habiendo	dormido

Participio
dormido

21 | valer

Toma *g* después de la *l* radical ante las vocales *o*, *a* de las desinencias.

INDICATIVO

Presente	Pret. perf. o comp.	
valgo	he	valido
vales	has	valido
vale	ha	valido
valemos	hemos	valido
valéis	habéis	valido
valen	han	valido

Pret. imperf.	Pret. pluscuamp.	
valía	había	valido
valías	habías	valido
valía	había	valido
valíamos	habíamos	valido
valíais	habíais	valido
valían	habían	valido

Pret. indef.	Pret. anterior	
valí	hube	valido
valiste	hubiste	valido
valió	hubo	valido
valimos	hubimos	valido
valisteis	hubisteis	valido
valieron	hubieron	valido

Fut. imperf.	Fut. perf.	
valdré	habré	valido
valdrás	habrás	valido
valdrá	habrá	valido
valdremos	habremos	valido
valdréis	habréis	valido
valdrán	habrán	valido

Pot. simple	Pot. perf. o comp.	
valdría	habría	valido
valdrías	habrías	valido
valdría	habría	valido
valdríamos	habríamos	valido
valdríais	habríais	valido
valdrían	habrían	valido

SUBJUNTIVO

Presente	Pret. perf.	
valga	haya	valido
valgas	hayas	valido
valga	haya	valido
valgamos	hayamos	valido
valgáis	hayáis	valido
valgan	hayan	valido

Pret. imperf.	Pret. pluscuamp.	
valiera	hubiera	
o valiese	o hubiese	valido
valieras	hubieras	
o valieses	o hubieses	valido
valiera	hubiera	
o valiese	o hubiese	valido
valiéramos	hubiéramos	
o valiésemos	o hubiésemos	valido
valierais	hubierais	
o valieseis	o hubieseis	valido
valieran	hubieran	
o valiesen	o hubiesen	valido

Fut. imperf.	Fut. perf.	
valiere	hubiere	valido
valieres	hubieres	valido
valiere	hubiere	valido
valiéremos	hubiéremos	valido
valiereis	hubiereis	valido
valieren	hubieren	valido

IMPERATIVO

Presente

vale	tú
valga	él
valgamos	nosotros
valed	vosotros
valgan	ellos

FORMAS NO PERSONALES

Infinitivo	Infinitivo comp.	
valer	haber	valido
Gerundio	**Gerundio comp.**	
valiendo	habiendo	valido
Participio		
valido		

Las formas irregulares de este verbo nacieron por imitación de las correspondientes del verbo haber, ya que éste se escribía con *v* y no con *b* y de ahí anduve, anduviera, anduviere como hube, hubiera y hubiere.

andar 22

INDICATIVO

Presente	Pret. perf. o comp.	
ando	he	andado
andas	has	andado
anda	ha	andado
andamos	hemos	andado
andáis	habéis	andado
andan	han	andado

Pret. imperf.	Pret. pluscuamp.	
andaba	había	andado
andabas	habías	andado
andaba	había	andado
andábamos	habíamos	andado
andabais	habíais	andado
andaban	habían	andado

Pret. indef.	Pret. anterior	
anduve	hube	andado
anduviste	hubiste	andado
anduvo	hubo	andado
anduvimos	hubimos	andado
anduvisteis	hubisteis	andado
anduvieron	hubieron	andado

Fut. imperf.	Fut. perf.	
andaré	habré	andado
andarás	habrás	andado
andará	habrá	andado
andaremos	habremos	andado
andaréis	habréis	andado
andarán	habrán	andado

Pot. simple	Pot. perf. o comp.	
andaría	habría	andado
andarías	habrías	andado
andaría	habría	andado
andaríamos	habríamos	andado
andaríais	habríais	andado
andarían	habrían	andado

SUBJUNTIVO

Presente	Pret. perf.	
ande	haya	andado
andes	hayas	andado
ande	haya	andado
andemos	hayamos	andado
andéis	hayáis	andado
anden	hayan	andado

Pret. imperf.	Pret. pluscuamp.	
anduviera	hubiera	
o anduviese	o hubiese	andado
anduvieras	hubieras	
o anduvieses	o hubieses	andado
anduviera	hubiera	
o anduviese	o hubiese	andado
anduviéramos	hubiéramos	
o anduviésemos	o hubiésemos	andado
anduvierais	hubierais	
o anduvieseis	o hubieseis	andado
anduvieran	hubieran	
o anduviesen	o hubiesen	andado

Fut. imperf.	Fut. perf.	
anduviere	hubiere	andado
anduvieres	hubieres	andado
anduviere	hubiere	andado
anduviéremos	hubiéremos	andado
anduviereis	hubiereis	andado
anduvieren	hubieren	andado

IMPERATIVO

Presente	
anda	tú
ande	él
andemos	nosotros
andad	vosotros
anden	ellos

FORMAS NO PERSONALES

Infinitivo	Infinitivo comp.	
andar	haber	andado
Gerundio	**Gerundio comp.**	
andando	habiendo	andado
Participio		
andado		

23 | asir

Sus tiempos y personas son de muy poco uso; toman una *g* después de la *s* radical.

INDICATIVO

Presente | Pret. perf. o comp.

asgo	he	asido
ases	has	asido
ase	ha	asido
asimos	hemos	asido
asís	habéis	asido
asen	han	asido

Pret. imperf. | Pret. pluscuamp.

asía	había	asido
asías	habías	asido
asía	había	asido
asíamos	habíamos	asido
asíais	habíais	asido
asían	habían	asido

Pret. indef. | Pret. anterior

así	hube	asido
asiste	hubiste	asido
asió	hubo	asido
asimos	hubimos	asido
asisteis	hubisteis	asido
asieron	hubieron	asido

Fut. imperf. | Fut. perf.

asiré	habré	asido
asirás	habrás	asido
asirá	habrá	asido
asiremos	habremos	asido
asiréis	habréis	asido
asirán	habrán	asido

Pot. simple | Pot. perf. o comp.

asiría	habría	asido
asirías	habrías	asido
asiría	habría	asido
asiríamos	habríamos	asido
asiríais	habríais	asido
asirían	habrían	asido

SUBJUNTIVO

Presente | Pret. perf.

asga	haya	asido
asgas	hayas	asido
asga	haya	asido
asgamos	hayamos	asido
asgáis	hayáis	asido
asgan	hayan	asido

Pret. imperf. | Pret. pluscuamp.

asiera o asiese	hubiera o hubiese	asido
asieras o asieses	hubieras o hubieses	asido
asiera o asiese	hubiera o hubiese	asido
asiéramos o asiésemos	hubiéramos o hubiésemos	asido
asierais o asieseis	hubierais o hubieseis	asido
asieran o asiesen	hubieran o hubiesen	asido

Fut. imperf. | Fut. perf.

asiere	hubiere	asido
asieres	hubieres	asido
asiere	hubiere	asido
asiéremos	hubiéremos	asido
asiereis	hubiereis	asido
asieren	hubieren	asido

IMPERATIVO

Presente

ase	tú
asga	él
asgamos	nosotros
asid	vosotros
asgan	ellos

FORMAS NO PERSONALES

Infinitivo | Infinitivo comp.
asir | haber asido

Gerundio | Gerundio comp.
asiendo | habiendo asido

Participio
asido

En los tiempos del 1er. grupo cambia su radical *cap* en *quep* ante desinencia *o, a*. En los del 2º grupo la cambia en *cup* y tiene, en la 1ª y 3ª persona del singular del pret. indef. las desinencias *e, o* en vez de las regulares *í, ió* acentuadas.

caber 24

INDICATIVO

Presente	Pret. perf. o comp.	
quepo	he	cabido
cabes	has	cabido
cabe	ha	cabido
cabemos	hemos	cabido
cabéis	habéis	cabido
caben	han	cabido

Pret. imperf.	Pret. pluscuamp.	
cabía	había	cabido
cabías	habías	cabido
cabía	había	cabido
cabíamos	habíamos	cabido
cabíais	habíais	cabido
cabían	habían	cabido

Pret. indef.	Pret. anterior	
cupe	hube	cabido
cupiste	hubiste	cabido
cupo	hubo	cabido
cupimos	hubimos	cabido
cupisteis	hubisteis	cabido
cupieron	hubieron	cabido

Fut. imperf.	Fut. perf.	
cabré	habré	cabido
cabrás	habrás	cabido
cabrá	habrá	cabido
cabremos	habremos	cabido
cabréis	habréis	cabido
cabrán	habrán	cabido

Pot. simple	Pot. perf. o comp.	
cabría	habría	cabido
cabrías	habrías	cabido
cabría	habría	cabido
cabríamos	habríamos	cabido
cabríais	habríais	cabido
cabrían	habrían	cabido

SUBJUNTIVO

Presente	Pret. perf.	
quepa	haya	cabido
quepas	hayas	cabido
quepa	haya	cabido
quepamos	hayamos	cabido
quepáis	hayáis	cabido
quepan	hayan	cabido

Pret. imperf.	Pret. pluscuamp.	
cupiera	hubiera	
o cupiese	o hubiese	cabido
cupieras	hubieras	
o cupieses	o hubieses	cabido
cupiera	hubiera	
o cupiese	o hubiese	cabido
cupiéramos	hubiéramos	
o cupiésemos	o hubiésemos	cabido
cupierais	hubierais	
o cupieseis	o hubieseis	cabido
cupieran	hubieran	
o cupiesen	o hubiesen	cabido

Fut. imperf.	Fut. perf.	
cupiere	hubiere	cabido
cupieres	hubieres	cabido
cupiere	hubiere	cabido
cupiéremos	hubiéremos	cabido
cupiereis	hubiereis	cabido
cupieren	hubieren	cabido

IMPERATIVO

Presente	
cabe	tú
quepa	él
quepamos	nosotros
cabed	vosotros
quepan	ellos

FORMAS NO PERSONALES

Infinitivo	Infinitivo comp.	
caber	haber	cabido
Gerundio	**Gerundio comp.**	
cabiendo	habiendo	cabido
Participio		
cabido		

En la 1ª persona del sing. del pres. de indic., en todo el presente de subjuntivo y en el imperativo toma una *i* y una *g* después de la *a* radical y ante las desinencias *o*, *a*.

INDICATIVO

Presente	Pret. perf. o comp.	
caigo	he	caído
caes	has	caído
cae	ha	caído
caemos	hemos	caído
caéis	habéis	caído
caen	han	caído

Pret. imperf.	Pret. pluscuamp.	
caía	había	caído
caías	habías	caído
caía	había	caído
caíamos	habíamos	caído
caíais	habíais	caído
caían	habían	caído

Pret. indef.	Pret. anterior	
caí	hube	caído
caíste	hubiste	caído
cayó	hubo	caído
caímos	hubimos	caído
caísteis	hubisteis	caído
cayeron	hubieron	caído

Fut. imperf.	Fut. perf.	
caeré	habré	caído
caerás	habrás	caído
caerá	habrá	caído
caeremos	habremos	caído
caeréis	habréis	caído
caerán	habrán	caído

Pot. simple	Pot. perf. o comp.	
caería	habría	caído
caerías	habrías	caído
caería	habría	caído
caeríamos	habríamos	caído
caeríais	habríais	caído
caerían	habrían	caído

SUBJUNTIVO

Presente	Pret. perf.	
caiga	haya	caído
caigas	hayas	caído
caiga	haya	caído
caigamos	hayamos	caído
caigais	hayáis	caído
caigan	hayan	caído

Pret. imperf.	Pret. pluscuamp.	
cayera	hubiera	
o cayese	o hubiese	caído
cayeras	hubieras	
o cayeses	o hubieses	caído
cayera	hubiera	
o cayese	o hubiese	caído
cayéramos	hubiéramos	
o cayésemos	o hubiésemos	caído
cayerais	hubierais	
o cayeseis	o hubieseis	caído
cayeran	hubieran	
o cayesen	o hubiesen	caído

Fut. imperf.	Fut. perf.	
cayere	hubiere	caído
cayeres	hubieres	caído
cayere	hubiere	caído
cayéremos	hubiéremos	caído
cayereis	hubiereis	caído
cayeren	hubieren	caído

IMPERATIVO

Presente

cae	tú
caiga	él
caigamos	nosotros
caed	vosotros
caigan	ellos

FORMAS NO PERSONALES

Infinitivo	Infinitivo comp.	
caer	haber	caído
Gerundio	**Gerundio comp.**	
cayendo	habiendo	caído
Participio		
caído		

Toma una y en la 1ª pers. sing. del pres. de indic.; en los tiempos del 2º grupo toma las desinencias de los verbos de la 2ª y 3ª conjugaciones, en vez de tomar las de la 1ª.

dar 26

INDICATIVO

Presente	Pret. perf. o comp.	
doy	he	dado
das	has	dado
da	ha	dado
damos	hemos	dado
dais	habéis	dado
dan	han	dado

Pret. imperf.	Pret. pluscuamp.	
daba	había	dado
dabas	habías	dado
daba	había	dado
dábamos	habíamos	dado
dabais	habíais	dado
daban	habían	dado

Pret. indef.	Pret. anterior	
di	hube	dado
diste	hubiste	dado
dio	hubo	dado
dimos	hubimos	dado
disteis	hubisteis	dado
dieron	hubieron	dado

Fut. imperf.	Fut. perf.	
daré	habré	dado
darás	habrás	dado
dará	habrá	dado
daremos	habremos	dado
daréis	habréis	dado
darán	habrán	dado

Pot. simple	Pot. perf. o comp.	
daría	habría	dado
darías	habrías	dado
daría	habría	dado
daríamos	habríamos	dado
daríais	habríais	dado
darían	habrían	dado

SUBJUNTIVO

Presente	Pret. perf.	
dé	haya	dado
des	hayas	dado
dé	haya	dado
demos	hayamos	dado
deis	hayáis	dado
den	hayan	dado

Pret. imperf.	Pret. pluscuamp.	
diera	hubiera	
o diese	o hubiese	dado
dieras	hubieras	
o dieses	o hubieses	dado
diera	hubiera	
o diese	o hubiese	dado
diéramos	hubiéramos	
o diésemos	o hubiésemos	dado
dierais	hubierais	
o dieseis	o hubieseis	dado
dieran	hubieran	
o diesen	o hubiesen	dado

Fut. imperf.	Fut. perf.	
diere	hubiere	dado
dieres	hubieres	dado
diere	hubiere	dado
diéremos	hubiéremos	dado
diereis	hubiereis	dado
dieren	hubieren	dado

IMPERATIVO

Presente

da	tú
dé	él
demos	nosotros
dad	vosotros
den	ellos

FORMAS NO PERSONALES

Infinitivo	Infinitivo comp.	
dar	haber	dado

Gerundio	Gerundio comp.	
dando	habiendo	dado

Participio
dado

27 decir

En los tiempos del 1er grupo tiene *i* por *e* en la radical cuando es tónica; cambia, además, la *c* en *g* ante vocales *o*, *a* de las desinencias. En los tiempos del 2º grupo tiene la radical *dij* que no admite la *i* de las desinencias *ió*, *ieron*, *iera*, *iese*, *iere*.

INDICATIVO

Presente	**Pret. perf. o comp.**	
digo	he	dicho
dices	has	dicho
dice	ha	dicho
decimos	hemos	dicho
decís	habéis	dicho
dicen	han	dicho

Pret. imperf.	**Pret. pluscuamp.**	
decía	había	dicho
decías	habías	dicho
decía	había	dicho
decíamos	habíamos	dicho
decíais	habíais	dicho
decían	habían	dicho

Pret. indef.	**Pret. anterior**	
dije	hube	dicho
dijiste	hubiste	dicho
dijo	hubo	dicho
dijimos	hubimos	dicho
dijisteis	hubisteis	dicho
dijeron	hubieron	dicho

Fut. imperf.	**Fut. perf.**	
diré	habré	dicho
dirás	habrás	dicho
dirá	habrá	dicho
diremos	habremos	dicho
diréis	habréis	dicho
dirán	habrán	dicho

Pot. simple	**Pot. perf. o comp.**	
diría	habría	dicho
dirías	habrías	dicho
diría	habría	dicho
diríamos	habríamos	dicho
diríais	habríais	dicho
dirían	habrían	dicho

SUBJUNTIVO

Presente	**Pret. perf.**	
diga	haya	dicho
digas	hayas	dicho
diga	haya	dicho
digamos	hayamos	dicho
digáis	hayáis	dicho
digan	hayan	dicho

Pret. imperf.	**Pret. pluscuamp.**	
dijera	hubiera	
o dijese	o hubiese	dicho
dijeras	hubieras	
o dijeses	o hubieses	dicho
dijera	hubiera	
o dijese	o hubiese	dicho
dijéramos	hubiéramos	
o dijésemos	o hubiésemos	dicho
dijerais	hubierais	
o dijeseis	o hubieseis	dicho
dijeran	hubieran	
o dijesen	o hubiesen	dicho

Fut. imperf.	**Fut. perf.**	
dijere	hubiere	dicho
dijeres	hubieres	dicho
dijere	hubiere	dicho
dijéremos	hubiéremos	dicho
dijereis	hubiereis	dicho
dijeren	hubieren	dicho

IMPERATIVO

Presente	
di	tú
diga	él
digamos	nosotros
decid	vosotros
digan	ellos

FORMAS NO PERSONALES

Infinitivo	**Infinitivo comp.**	
decir	haber	dicho
Gerundio	**Gerundio comp.**	
diciendo	habiendo	dicho
Participio		
dicho		

En los tiempos del 1er. grupo diptonga la *e* en *ie* (escrito ye) o la debilita en *i* en los del 2º grupo.

INDICATIVO

Presente	Pret. perf. o comp.	
irgo *o* yergo	he	erguido
irgues *o* yergues	has	erguido
irgue *o* yergue	ha	erguido
erguimos	hemos	erguido
erguís	habéis	erguido
irguen *o* yerguen	han	erguido

Pret. imperf.	Pret. pluscuamp.	
erguía	había	erguido
erguías	habías	erguido
erguía	había	erguido
erguíamos	habíamos	erguido
erguíais	habíais	erguido
erguían	habían	erguido

Pret. indef.	Pret. anterior	
erguí	hube	erguido
erguiste	hubiste	erguido
irguió	hubo	erguido
erguimos	hubimos	erguido
erguisteis	hubisteis	erguido
irguieron	hubieron	erguido

Fut. imperf.	Fut. perf.	
erguiré	habré	erguido
erguirás	habrás	erguido
erguirá	habrá	erguido
erguiremos	habremos	erguido
erguiréis	habréis	erguido
erguirán	habrán	erguido

Pot. simple	Pot. perf. o comp.	
erguiría	habría	erguido
erguirías	habrías	erguido
erguiría	habría	erguido
erguiríamos	habríamos	erguido
erguiríais	habríais	erguido
erguirían	habrían	erguido

SUBJUNTIVO

Presente	Pret. perf.	
irga	haya	erguido
irgas	hayas	erguido
irga	haya	erguido
irgamos	hayamos	erguido
irgáis	hayáis	erguido
irgan	hayan	erguido

Pret. imperf.	Pret. pluscuamp.	
irguiera *o* irguiese	hubiera *o* hubiese	erguido
irguieras *o* irguieses	hubieras *o* hubieses	erguido
irguiera *o* irguiese	hubiera *o* hubiese	erguido
irguiéramos *o* irguiésemo	hubiéramos *o* hubiésemos	erguido
irguierais *o* irguieseis	hubierais *o* hubieseis	erguido
irguieran *o* irguiesen	hubieran *o* hubiesen	erguido

Fut. imperf.	Fut. perf.	
irguiere	hubiere	erguido
irguieres	hubieres	erguido
irguiere	hubiere	erguido
irguiéremos	hubiéremos	erguido
irguiereis	hubiereis	erguido
irguieren	hubieren	erguido

IMPERATIVO

Presente

irgue *o* yergue	tú
irga *o* yerga	él
irgamos *o* yergamos	nosotros
erguid	vosotros
irgan *o* yergan	ellos

FORMAS NO PERSONALES

Infinitivo	Infinitivo comp.	
erguir	naber	erguido
Gerundio	**Gerundio comp.**	
irguiendo	habiendo	erguido
Participio		
erguido		

Toma una y en la 1ª pers. sing. del pres. de indic. y tiene agudas las tres del singular y 3ª del plural de los tiempos del primer grupo.

INDICATIVO

Presente	**Pret. perf. o comp.**	
estoy	he	estado
estás	has	estado
está	ha	estado
estamos	hemos	estado
estáis	habéis	estado
están	han	estado

Pret. imperf.	**Pret. pluscuamp.**	
estaba	había	estado
estabas	habías	estado
estaba	había	estado
estábamos	habíamos	estado
estabais	habíais	estado
estaban	habían	estado

Pret. indef.	**Pret. anterior**	
estuve	hube	estado
estuviste	hubiste	estado
estuvo	hubo	estado
estuvimos	hubimos	estado
estuvisteis	hubisteis	estado
estuvieron	hubieron	estado

Fut. imperf.	**Fut. perf.**	
estaré	habré	estado
estarás	habrás	estado
estarás	habrá	estado
estaremos	habremos	estado
estaréis	habréis	estado
estarán	habrán	estado

Pot. simple	**Pot. perf. o comp.**	
estaría	habría	estado
estarías	habrías	estado
estaría	habría	estado
estaríamos	habríamos	estado
estaríais	habríais	estado
estarían	habrían	estado

SUBJUNTIVO

Presente	**Pret. perf.**	
esté	haya	estado
estés	hayas	estado
esté	haya	estado
estemos	hayamos	estado
estéis	hayáis	estado
estén	hayan	estado

Pret. imperf.	**Pret. pluscuamp.**	
estuviera	hubiera	
o estuviese	o hubiese	estado
estuvieras	hubieras	
o estuvieses	o hubieses	estado
estuviera	hubiera	
o estuviese	o hubiese	estado
estuviéramos	hubiéramos	
o estuviésemos	o hubiésemos	estado
estuvierais	hubierais	
o estuvieseis	o hubieseis	estado
estuvieran	hubieran	
o estuviesen	o hubiesen	estado

Fut. imperf.	**Fut. perf.**	
estuviere	hubiere	estado
estuvieres	hubieres	estado
estuviere	hubiere	estado
estuviéremos	hubiéremos	estado
estuviereis	hubiereis	estado
estuvieren	hubieren	estado

IMPERATIVO

Presente	
está	tú
esté	él
estemos	nosotros
estad	vosotros
estén	ellos

FORMAS NO PERSONALES

Infinitivo	**Infinitivo comp.**	
estar	haber	estado
Gerundio	**Gerundio comp.**	
estando	habiendo	estado
Participio		
estado		

En los tiempos del 1er. grupo cambia la *c* radical en *g* ante las vocales *o*, *a* de las desinencias. En los tiempos del 2º grupo tiene por radical *hic* y las desinencias inacentuadas *e*, *o*, (*hice*, *hizo*) en vez de las agudas *i*, *ió*.

hacer 30

INDICATIVO

Presente	Pret. perf. o comp.	
hago	he	hecho
haces	has	hecho
hace	ha	hecho
hacemos	hemos	hecho
hacéis	habéis	hecho
hacen	han	hecho

Pret. imperf.	Pret. pluscuamp.	
hacía	había	hecho
hacías	habías	hecho
hacía	había	hecho
hacíamos	habíamos	hecho
hacíais	habíais	hecho
hacían	habían	hecho

Pret. indef.	Pret. anterior	
hice	hube	hecho
hiciste	hubiste	hecho
hizo	hubo	hecho
hicimos	hubimos	hecho
hicisteis	hubisteis	hecho
hicieron	hubieron	hecho

Fut. imperf.	Fut. perf.	
haré	habré	hecho
harás	habrás	hecho
hará	habrá	hecho
haremos	habremos	hecho
haréis	habréis	hecho
harán	habrán	hecho

Pot. simple	Pot. perf. o comp.	
haría	habría	hecho
harías	habrías	hecho
haría	habría	hecho
haríamos	habríamos	hecho
haríais	habríais	hecho
harían	habrían	hecho

SUBJUNTIVO

Presente	Pret. perf.	
haga	haya	hecho
hagas	hayas	hecho
haga	haya	hecho
hagamos	hayamos	hecho
hagáis	hayáis	hecho
hagan	hayan	hecho

Pret. imperf.	Pret. pluscuamp.	
hiciera	hubiera	
o hiciese	o hubiese	hecho
hicieras	hubieras	
o hicieses	o hubieses	hecho
hiciera	hubiera	
o hiciese	o hubiese	hecho
hiciéramos	hubiéramos	
o hiciésemos	o hubiésemos	hecho
hicierais	hubierais	
o hicieseis	o hubieseis	hecho
hicieran	hubieran	
o hiciesen	o hubiesen	hecho

Fut. imperf.	Fut. perf.	
hiciere	hubiere	hecho
hicieres	hubieres	hecho
hiciere	hubiere	hecho
hiciéremos	hubiéremos	hecho
hiciereis	hubiereis	hecho
hicieren	hubieren	hecho

IMPERATIVO

Presente	
haz	tú
haga	él
hagamos	nosotros
haced	vosotros
hagan	ellos

FORMAS NO PERSONALES

Infinitivo	Infinitivo comp.	
hacer	haber	hecho
Gerundio	**Gerundio comp.**	
haciendo	habiendo	hecho
Participio		
hecho		

31 | ir

Los tiempos del 1er grupo tienen por radical va en el pres. de indic., que en pres. de subj. se convierte en vay.

INDICATIVO

Presente	Pret. perf. o comp.	
voy	he	ido
vas	has	ido
va	ha	ido
vamos	hemos	ido
vais	habéis	ido
van	han	ido

Pret. imperf.	Pret. pluscuamp.	
iba	había	ido
ibas	habías	ido
iba	había	ido
íbamos	habíamos	ido
ibais	habíais	ido
iban	habían	ido

Pret. indef.	Pret. anterior	
fui	hube	ido
fuiste	hubiste	ido
fue	hubo	ido
fuimos	hubimos	ido
fuisteis	hubisteis	ido
fueron	hubieron	ido

Fut. imperf.	Fut. perf.	
iré	habré	ido
irás	habrás	ido
irá	habrá	ido
iremos	habremos	ido
iréis	habréis	ido
irán	habrán	ido

Pot. simple	Pot. perf. o comp.	
iría	habría	ido
irías	habrías	ido
iría	habría	ido
iríamos	habríamos	ido
iríais	habríais	ido
irían	habrían	ido

SUBJUNTIVO

Presente	Pret. perf.	
vaya	haya	ido
vayas	hayas	ido
vaya	haya	ido
vayamos	hayamos	ido
vayáis	hayáis	ido
vayan	hayan	ido

Pret. imperf.	Pret. pluscuamp.	
fuera	hubiera	
o fuese	o hubiese	ido
fueras	hubieras	
o fueses	o hubieses	ido
fuera	hubiera	
o fuese	o hubiese	ido
fuéramos	hubiéramos	
o fuésemos	o hubiésemos	ido
fuerais	hubierais	
o fueseis	o hubieseis	ido
fueran	hubieran	
o fuesen	o hubiesen	ido

Fut. imperf.	Fut. perf.	
fuere	hubiere	ido
fueres	hubieres	ido
fuere	hubiere	ido
fuéremos	hubiéremos	ido
fuereis	hubiereis	ido
fueren	hubieren	ido

IMPERATIVO

Presente	
ve	tú
vaya	él
vayamos	nosotros
id	vosotros
vayan	ellos

FORMAS NO PERSONALES

Infinitivo	Infinitivo comp.	
ir	haber	ido
Gerundio	**Gerundio comp.**	
yendo	habiendo	ido
Participio		
ido		

En los tiempor del 1er grupo toma una *i* y una *g* (oigo) ante las desinencias *o*, *a* y cambia la *i* en *y* ante desinencia que empiece por *e*.

oír 32

INDICATIVO

Presente	Pret. perf. o comp.	
oigo	he	oído
oyes	has	oído
oye	ha	oído
oímos	hemos	oído
oís	habéis	oído
oyen	han	oído

Pret. imperf.	Pret. pluscuamp.	
oía	había	oído
oías	habías	oído
oía	había	oído
oíamos	habíamos	oído
oíais	habíais	oído
oían	habían	oído

Pret. indef.	Pret. anterior	
oí	hube	oído
oiste	hubiste	oído
oyó	hubo	oído
oímos	hubimos	oído
oísteis	hubisteis	oído
oyeron	hubieron	oído

Fut. imperf.	Fut. perf.	
oiré	habré	oído
oirás	habrás	oído
oirá	habrá	oído
oiremos	habremos	oído
oiréis	habréis	oído
oirán	habrán	oído

Pot. simple	Pot. perf. o comp.	
oiría	habría	oído
oirías	habrías	oído
oiría	habría	oído
oiríamos	habríamos	oído
oiríais	habríais	oído
oirían	habrían	oído

SUBJUNTIVO

Presente	Pret. perf.	
oiga	haya	oído
oigas	hayas	oído
oiga	haya	oído
oigamos	hayamos	oído
oigáis	hayáis	oído
oigan	hayan	oído

Pret. imperf.	Pret. pluscuamp.	
oyera	hubiera	
o oyese	o hubiese	oído
oyeras	hubieras	
o oyeses	o hubieses	oído
oyera	hubiera	
o oyese	o hubiese	oído
oyéramos	hubiéramos	
o oyésemos	o hubiésemos	oído
oyerais	hubierais	
o oyeseis	o hubieseis	oído
oyeran	hubieran	
o oyesen	o hubiesen	oído

Fut. imperf.	Fut. perf.	
oyere	hubiere	oído
oyeres	hubieres	oído
oyere	hubiere	oído
oyéremos	hubiéremos	oído
oyereis	hubiereis	oído
oyeren	hubieren	oído

IMPERATIVO

Presente

oye	tú
oiga	él
oigamos	nosotros
oíd	vosotros
oigan	ellos

FORMAS NO PERSONALES

Infinitivo	Infinitivo comp.	
oír	haber	oído
Gerundio	**Gerundio comp.**	
oyendo	habiendo	oído
Participio		
oído		

33 placer

No suele emplearse sino en terceras personas de singular en las radicales *pleg* y *plug*. Ejs.: plegue o plega y plugo. Algunos lo consideran defectivo, pero puede conjugársele con la irregularidad de los terminados en *acer*, *ecer* y *ocer*.

INDICATIVO

Presente	Pret. perf. o comp.	
plazco	he	placido
places	has	placido
place	ha	placido
placemos	hemos	placido
placéis	habéis	placido
placen	han	placido

Pret. imperf.	Pret. pluscuamp.	
placía	había	placido
placías	habías	placido
placía	había	placido
placíamos	habíamos	placido
placíais	habíais	placido
placían	habían	placido

Pret. indef.	Pret. anterior	
plací	hube	placido
placiste	hubiste	placido
plació *o* plugo	hubo	placido
placimos	hubimos	placido
placisteis*	hubisteis	placido
placieron*	hubieron	placido

Fut. imperf.	Fut. perf.	
placeré	habré	placido
placerás	habrás	placido
placerá	habrá	placido
placeremos	habremos	placido
placeréis	habréis	placido
placerán	habrán	placido

Pot. simple	Pot. perf. o comp.	
placería	habría	placido
placerías	habrías	placido
placería	habría	placido
placeríamos	habríamos	placido
placeríais	habríais	placido
placerían	habrían	placido

* *o* pluguieron
** *o* pluguiera, pluguiese
*** *o* pluguiere

SUBJUNTIVO

Presente	Pret. perf.	
plazca	haya	placido
plazcas	hayas	placido
plazca *o* plegue	haya	placido
plazcamos	hayamos	placido
plazcáis	hayáis	placido
plazcan	hayan	placido

Pret. imperf.	Pret. pluscuamp.	
placiera	hubiera	
o placiese	*o* hubiese	placido
placieras	hubieras	
o placieses	*o* hubieses	placido
placiera **	hubiera	
o placiese	*o* hubiese	placido
placiéramos	hubiéramos	
o placiésemos	*o* hubiésemos	placido
placierais	hubierais	
o placieseis	*o* hubieseis	placido
placieran	hubieran	
o placiesen	*o* hubiesen	placido

Fut. imperf.	Fut. perf.	
placiere	hubiere	placido
placieres***	hubieres	placido
placiere	hubiere	placido
placiéremos	hubiéremos	placido
placiereis	hubiereis	placido
placieren	hubieren	placido

IMPERATIVO

Presente

place	tú
plazca	él
plazcamos	nosotros
placed	vosotros
plazcan	ellos

FORMAS NO PERSONALES

Infinitivo	Infinitivo comp.	
placer	haber	placido
Gerundio	**Gerundio comp.**	
placiendo	habiendo	placido
Participio		
placido		

En los tiempos del 1er. grupo diptonga la o en *ue*; en los del 2º la debilita en *u* y tiene las desinencias inacentuadas *e*, *o* (pude, pudo), en vez de las regulares *í*, *ió*, agudas.

poder 34

INDICATIVO

Presente	Pret. perf. o comp.	
puedo	he	podido
puedes	has	podido
puede	ha	podido
podemos	hemos	podido
podéis	habéis	podido
pueden	han	podido

Pret. imperf.	Pret. pluscuamp.	
podía	había	podido
podías	habías	podido
podía	había	podido
podíamos	habíamos	podido
podíais	habíais	podido
podían	habían	podido

Pret. indef.	Pret. anterior	
pude	hube	podido
pudiste	hubiste	podido
pudo	hubo	podido
pudimos	hubimos	podido
pudisteis	hubisteis	podido
pudieron	hubieron	podido

Fut. imperf.	Fut. perf.	
podré	habré	podido
podrás	habrás	podido
podrá	habrá	podido
podremos	habremos	podido
podréis	habréis	podido
podrán	habrán	podido

Pot. simple	Pot. perf. o comp.	
podría	habría	podido
podrías	habrías	podido
podría	habría	podido
podríamos	habríamos	podido
podríais	habríais	podido
podrían	habrían	podido

SUBJUNTIVO

Presente	Pret. perf.	
pueda	haya	podido
puedas	hayas	podido
pueda	haya	podido
podamos	hayamos	podido
podáis	hayáis	podido
puedan	hayan	podido

Pret. imperf.	Pret. pluscuamp.	
pudiera	hubiera	
o pudiese	o hubiese	podido
pudieras	hubieras	
o pudieses	o hubieses	podido
pudiera	hubiera	
o pudiese	o hubiese	podido
pudiéramos	hubiéramos	
o pudiésemos	o hubiésemos	podido
pudierais	hubierais	
o pudieseis	o hubieseis	podido
pudieran	hubieran	
o pudiesen	o hubiesen	podido

Fut. imperf.	Fut. perf.	
pudiere	hubiere	podido
pudieres	hubieres	podido
pudiere	hubiere	podido
pudiéremos	hubiéremos	podido
pudiereis	hubiereis	podido
pudieren	hubieren	podido

IMPERATIVO

Presente

puede	tú
pueda	él
podamos	nosotros
poded	vosotros
puedan	ellos

FORMAS NO PERSONALES

Infinitivo	Infinitivo comp.	
poder	haber	podido
Gerundio	**Gerundio comp.**	
pudiendo	habiendo	podido
Participio		
podido		

Puede usarse con *o* o con *u* en el infinitivo, pero es preferible *pudrir*, salvo el participio (*podrido*), para no confundirlo con el verbo *poder* (*podría*, *podrías*).

INDICATIVO

Presente	Pret. perf. o comp.	
pudro	he	podrido
pudres	has	podrido
pudre	ha	podrido
pudrimos	hemos	podrido
pudrís	habéis	podrido
pudren	han	podrido

Pret. imperf.	Pret. pluscuamp.	
pudría	había	podrido
pudrías	habías	podrido
pudría	había	podrido
pudríamos	habíamos	podrido
pudríais	habíais	podrido
pudrían	habían	podrido

Pret. indef.	Pret. anterior	
pudrí*	hube	podrido
pudriste	hubiste	podrido
pudrió	hubo	podrido
pudrimos	hubimos	podrido
pudristeis	hubisteis	podrido
pudrieron	hubieron	podrido

Fut. imperf.	Fut. perf.	
pudriré**	habré	podrido
pudrirás	habrás	podrido
pudrirá	habrá	podrido
pudriremos	habremos	podrido
pudriréis	habréis	podrido
pudrirán	habrán	podrido

Pot. simple	Pot. perf. o comp.	
pudriría***	habría	podrido
pudrirías	habrías	podrido
pudriría	habría	podrido
pudriríamos	habríamos	podrido
pudriríais	habríais	podrido
pudrirían	habrían	podrido

*   o podrí, podriste, etc.
**   o podriré, podrirás, etc.
***   o podriría, podrirías, etc.

SUBJUNTIVO

Presente	Pret. perf.	
pudra	haya	podrido
pudras	hayas	podrido
pudra	haya	podrido
pudramos	hayamos	podrido
pudráis	hayáis	podrido
pudran	hayan	podrido

Pret. imperf.	Pret. pluscuamp.	
pudriera	hubiera	
o pudriese	o hubiese	podrido
pudrieras	hubieras	
o pudrieses	o hubieses	podrido
pudriera	hubiera	
o pudriese	o hubiese	podrido
pudriéramos	hubiéramos	
o pudriésemos	o hubiésemos	podrido
pudrierais	hubierais	
o pudrieseis	o hubieseis	podrido
pudrieran	hubieran	
o pudriesen	o hubiesen	podrido

Fut. imperf.	Fut. perf.	
pudriere	hubiere	podrido
pudrieres	hubieres	podrido
pudriere	hubiere	podrido
pudriéremos	hubiéremos	podrido
pudriereis	hubiereis	podrido
pudrieren	hubieren	podrido

IMPERATIVO

Presente	
pudre	tú
pudra	él
pudramos	nosotros
pudrid o podrid	vosotros
pudran	ellos

FORMAS NO PERSONALES

Infinitivo	Infinitivo comp.	
podrir o pudrir	haber	podrido
Gerundio	**Gerundio comp.**	
pudriendo	habiendo	podrido
Participio		
podrido		

En los tiempos del 1er grupo toma *g* después de la *n* radical ante las desinencias *o*, *a*. En los del 2º grupo tiene por radical *pus* en vez de *pon* y toma las desinencias inacentuadas *e*, *o* (puse, puso) en vez de las regulares *í*, *ió* agudas.

poner | 36

INDICATIVO

Presente	Pret. perf. o comp.	
pongo	he	puesto
pones	has	puesto
pone	ha	puesto
ponemos	hemos	puesto
ponéis	habéis	puesto
ponen	han	puesto

Pret. imperf.	Pret. pluscuamp.	
ponía	había	puesto
ponías	habías	puesto
ponía	había	puesto
poníamos	habíamos	puesto
poníais	habíais	puesto
ponían	habían	puesto

Pret. indef.	Pret. anterior	
puse	hube	puesto
pusiste	hubiste	puesto
puso	hubo	puesto
pusimos	hubimos	puesto
pusisteis	hubisteis	puesto
pusieron	hubieron	puesto

Fut. imperf.	Fut. perf.	
pondré	habré	puesto
pondrás	habrás	puesto
pondrá	habrá	puesto
pondremos	habremos	puesto
pondréis	habréis	puesto
pondrán	habrán	puesto

Pot. simple	Pot. perf. o comp.	
pondría	habría	puesto
pondrías	habrías	puesto
pondría	habría	puesto
pondríamos	habríamos	puesto
pondríais	habríais	puesto
pondrían	habrían	puesto

SUBJUNTIVO

Presente	Pret. perf.	
ponga	haya	puesto
pongas	hayas	puesto
ponga	haya	puesto
pongamos	hayamos	puesto
pongáis	hayáis	puesto
pongan	hayan	puesto

Pret. imperf.	Pret. pluscuamp.	
pusiera	hubiera	
o pusiese	o hubiese	puesto
pusieras	hubieras	
o pusieses	o hubieses	puesto
pusiera	hubiera	
o pusiese	o hubiese	puesto
pusiéramos	hubiéramos	
o pusiésemos	o hubiésemos	puesto
pusierais	hubierais	
o pusieseis	o hubieseis	puesto
pusieran	hubieran	
o pusiesen	o hubiesen	puesto

Fut. imperf.	Fut. perf.	
pusiere	hubiere	puesto
pusieres	hubieres	puesto
pusiere	hubiere	puesto
pusiéremos	hubiéremos	puesto
pusiereis	hubiereis	puesto
pusieren	hubieren	puesto

IMPERATIVO

Presente

pon	tú
ponga	él
pongamos	nosotros
poned	vosotros
pongan	ellos

FORMAS NO PERSONALES

Infinitivo	Infinitivo comp.	
poner	haber	puesto
Gerundio	**Gerundio comp.**	
poniendo	habiendo	puesto
Participio		
puesto		

37 querer

Diptonga la *e* en *ie* en los tiempos del 1er grupo. En los del 2º tiene por radical *quis* en vez de *quer* y toma las desinencias inacentuadas *e*, *o* (quise, quiso) en vez de las regulares agudas *í*, *ió*.

INDICATIVO

Presente	Pret. perf. o comp.	
quiero	he	querido
quieres	has	querido
quiere	ha	querido
queremos	hemos	querido
queréis	habéis	querido
quieren	han	querido

Pret. imperf.	Pret. pluscuamp.	
quería	había	querido
querías	habías	querido
quería	había	querido
queríamos	habíamos	querido
queríais	habíais	querido
querían	habían	querido

Pret. indef.	Pret. anterior	
quise	hube	querido
quisiste	hubiste	querido
quiso	hubo	querido
quisimos	hubimos	querido
quisisteis	hubisteis	querido
quisieron	hubieron	querido

Fut. imperf.	Fut. perf.	
querré	habré	querido
querrás	habrás	querido
querrá	habrá	querido
querremos	habremos	querido
querréis	habréis	querido
querrán	habrán	querido

Pot. simple	Pot. perf. o comp.	
querría	habría	querido
querrías	habrías	querido
querría	habría	querido
querríamos	habríamos	querido
querríais	habríais	querido
querrían	habrían	querido

SUBJUNTIVO

Presente	Pret. perf.	
quisiera	haya	querido
quisieras	hayas	querido
quisiera	haya	querido
quisiéramos	hayamos	querido
quisierais	hayáis	querido
quisieran	hayan	querido

Pret. imperf.	Pret. pluscuamp.	
quisiera	hubiera	
o quisiese	o hubiese	querido
quisieras	hubieras	
o quisieses	o hubieses	querido
quisiera	hubiera	
o quisiese	o hubiese	querido
quisiéramos	hubiéramos	
o quisiésemos	o hubiésemos	querido
quisierais	hubierais	
o quisieseis	o hubieseis	querido
quisieran	hubieran	
o quisiesen	o hubiesen	querido

Fut. imperf.	Fut. perf.	
quisiere	hubiere	querido
quisieres	hubieres	querido
quisiere	hubiere	querido
quisiéremos	hubiéremos	querido
quisiereis	hubiereis	querido
quisieren	hubieren	querido

IMPERATIVO

Presente	
quiere	tú
quiera	él
queramos	nosotros
quered	vosotros
quieran	ellos

FORMAS NO PERSONALES

Infinitivo	Infinitivo comp.	
querer	haber	querido
Gerundio	**Gerundio comp.**	
queriendo	habiendo	querido
Participio		
querido		

En la 1ª pers. sing. del pres. indic. hace *sé* en vez de *sabo* y cambia su radical en *sep* en el pres. de subj. y en el imperativo. La cambia en *sup* en los tiempos del 2º grupo y toma las desinencias graves *e*, *o* en vez de las agudas *í*, *ió*, que son regulares.

saber 38

INDICATIVO

Presente	Pret. perf. o comp.	
sé	he	sabido
sabes	has	sabido
sabe	ha	sabido
sabemos	hemos	sabido
sabéis	habéis	sabido
saben	han	sabido

Pret. imperf.	Pret. pluscuamp.	
sabía	había	sabido
sabías	habías	sabido
sabía	había	sabido
sabíamos	habíamos	sabido
sabíais	habíais	sabido
sabían	habían	sabido

Pret. indef.	Pret. anterior	
supe	hube	sabido
supiste	hubiste	sabido
supo	hubo	sabido
supimos	hubimos	sabido
supisteis	hubisteis	sabido
supieron	hubieron	sabido

Fut. imperf.	Fut. perf.	
sabré	habré	sabido
sabrás	habrás	sabido
sabrá	habrá	sabido
sabremos	habremos	sabido
sabréis	habréis	sabido
sabrán	habrán	sabido

Pot. simple	Pot. perf. o comp.	
sabría	habría	sabido
sabrías	habrías	sabido
sabría	habría	sabido
sabríamos	habríamos	sabido
sabríais	habríais	sabido
sabrían	habrían	sabido

SUBJUNTIVO

Presente	Pret. perf.	
sepa	haya	sabido
sepas	hayas	sabido
sepa	haya	sabido
sepamos	hayamos	sabido
sepáis	hayáis	sabido
sepan	hayan	sabido

Pret. imperf.	Pret. pluscuamp.	
supiera	hubiera	
o supiese	o hubiese	sabido
supieras	hubieras	
o supieses	o hubieses	sabido
supiera	hubiera	
o supiese	o hubiese	sabido
supiéramos	hubiéramos	
o supiésemos	o hubiésemos	sabido
supierais	hubierais	
o supieseis	o hubieseis	sabido
supieran	hubieran	
o supiesen	o hubiesen	sabido

Fut. imperf.	Fut. perf.	
supiere	hubiere	sabido
supieres	hubieres	sabido
supiere	hubiere	sabido
supiéremos	hubiéremos	sabido
supiereis	hubiereis	sabido
supieren	hubieren	sabido

IMPERATIVO

Presente

sabe	tú
sepa	él
sepamos	nosotros
sabed	vosotros
sepan	ellos

FORMAS NO PERSONALES

Infinitivo	Infinitivo comp.	
saber	haber	sabido
Gerundio	**Gerundio comp.**	
sabiendo	habiendo	sabido
Participio		
sabido		

39 · tener

En los tiempos del 1er grupo admite una *g* después de la *n* radical ante las desinencias *o*, *a* y diptonga la *e* en *ie* en la 2ª y 3ª personas del sing. pres. indic. En los del 2º grupo tiene por radical *tuv* en vez de *ten*.

INDICATIVO

Presente	Pret. perf. o comp.	
tengo	he	tenido
tienes	has	tenido
tiene	ha	tenido
tenemos	hemos	tenido
tenéis	habéis	tenido
tienen	han	tenido

Pret. imperf.	Pret. pluscuamp.	
tenía	había	tenido
tenías	habías	tenido
tenía	había	tenido
teníamos	habíamos	tenido
teníais	habíais	tenido
tenían	habían	tenido

Pret. indef.	Pret. anterior	
tuve	hube	tenido
tuviste	hubiste	tenido
tuvo	hubo	tenido
tuvimos	hubimos	tenido
tuvisteis	hubisteis	tenido
tuvieron	hubieron	tenido

Fut. imperf.	Fut. perf.	
tendré	habré	tenido
tendrás	habrás	tenido
tendrá	habrá	tenido
tendremos	habremos	tenido
tendréis	habréis	tenido
tendrán	habrán	tenido

Pot. simple	Pot. perf. o comp.	
tendría	habría	tenido
tendrías	habrías	tenido
tendría	habría	tenido
tendríamos	habríamos	tenido
tendríais	habríais	tenido
tendrían	habrían	tenido

SUBJUNTIVO

Presente	Pret. perf.	
tenga	haya	tenido
tengas	hayas	tenido
tenga	haya	tenido
tengamos	hayamos	tenido
tengáis	hayáis	tenido
tengan	hayan	tenido

Pret. imperf.	Pret. pluscuamp.	
tuviera	hubiera	
o tuviese	o hubiese	tenido
tuvieras	hubieras	
o tuvieses	o hubieses	tenido
tuviera	hubiera	
o tuviese	o hubiese	tenido
tuviéramos	hubiéramos	
o tuviésemos	o hubiésemos	tenido
tuvierais	hubierais	
o tuvieseis	o hubieseis	tenido
tuvieran	hubieran	
o tuviesen	o hubiesen	tenido

Fut. imperf.	Fut. perf.	
tuviere	hubiere	tenido
tuvieres	hubieres	tenido
tuviere	hubiere	tenido
tuviéremos	hubiéremos	tenido
tuviereis	hubiereis	tenido
tuvieren	hubieren	tenido

IMPERATIVO

Presente	
ten	tú
tenga	él
tengamos	nosotros
tengáis	vosotros
tengan	ellos

FORMAS NO PERSONALES

Infinitivo	Infinitivo comp.	
tener	haber	tenido
Gerundio	**Gerundio comp.**	
teniendo	habiendo	tenido
Participio		
tenido		

Admite el sonido *ig* después de la *a* radical ante las desinencias *o*, *a*, en los tiempos del 1er. grupo. En los del 2º grupo, su radical es *traj* en vez de *tra*.

INDICATIVO

Presente	Pret. perf. o comp.	
traigo	he	traído
traes	has	traído
trae	ha	traído
traemos	hemos	traído
traéis	habéis	traído
traen	han	traído

Pret. imperf.	Pret. pluscuamp.	
traía	había	traído
traías	habías	traído
traía	había	traído
traíamos	habíamos	traído
traíais	habíais	traído
traían	habían	traído

Pret. indef.	Pret. anterior	
traje	hube	traído
trajiste	hubiste	traído
trajo	hubo	traído
trajimos	hubimos	traído
trajisteis	hubisteis	traído
trajeron	hubieron	traído

Fut. imperf.	Fut. perf.	
traeré	habré	traído
trerás	habrás	traído
traerá	habrá	traído
traeremos	habremos	traído
traeréis	habréis	traído
traerán	habrán	traído

Pot. simple	Pot. perf. o comp.	
traería	habría	traído
traerías	habrías	traído
traería	habría	traído
traeríamos	habríamos	traído
traeríais	habríais	traído
traerían	habrían	traído

SUBJUNTIVO

Presente	Pret. perf.	
traiga	haya	traído
traigas	hayas	traído
traiga	haya	traído
traigamos	hayamos	traído
traigáis	hayáis	traído
traigan	hayan	traído

Pret. imperf.	Pret. pluscuamp.	
trajera	hubiera	
o trajese	o hubiese	traído
trajeras	hubieras	
o trajeses	o hubieses	traído
trajera	hubiera	
o trajese	o hubiese	traído
trajéramos	hubiéramos	
o trajésemos	o hubiésemos	traído
trajerais	hubierais	
o trajeseis	o hubieseis	traído
trajeran	hubieran	
o trajesen	o hubiesen	traído

Fut. imperf.	Fut. perf.	
trajere	hubiere	traído
trajeres	hubieres	traído
trajere	hubiere	traído
trajéremos	hubiéremos	traído
trajereis	hubiereis	traído
trajeren	hubieren	traído

IMPERATIVO

Presente

trae	tú
traiga	él
traigamos	nosotros
traed	vosotros
traigan	ellos

FORMAS NO PERSONALES

Infinitivo	Infinitivo comp.	
traer	haber	traído
Gerundio	**Gerundio comp.**	
trayendo	habiendo	traído
Participio		
traído		

41 venir

En los tiempos del 1er. grupo tiene las mismas irregularidades que *tener* (39). En las del 2º su radical es *vin* por *ven* y tiene las desinencias graves *e, o* (vine, vino) en vez de las regulares agudas *í, ió*.

INDICATIVO

Presente	Pret. perf. o comp.	
vengo	he	venido
vienes	has	venido
viene	ha	venido
venimos	hemos	venido
venís	habéis	venido
vienen	han	venido

Pret. imperf.	Pret. pluscuamp.	
venía	había	venido
venías	habías	venido
venía	había	venido
veníamos	habíamos	venido
veníais	habíais	venido
venían	habían	venido

Pret. indef.	Pret. anterior	
vine	hube	venido
viniste	hubiste	venido
vino	hubo	venido
vinimos	hubimos	venido
vinisteis	hubisteis	venido
vinieron	hubieron	venido

Fut. imperf.	Fut. perf.	
vendré	habré	venido
vendrás	habrás	venido
vendrá	habrá	venido
vendremos	habremos	venido
vendréis	habréis	venido
vendrán	habrán	venido

Pot. simple	Pot. perf. o comp.	
vendría	habría	venido
vendrías	habrías	venido
vendría	habría	venido
vendríamos	habríamos	venido
vendríais	habríais	venido
vendrían	habrían	venido

SUBJUNTIVO

Presente	Pret. perf.	
venga	haya	venido
vengas	hayas	venido
venga	haya	venido
vengamos	hayamos	venido
vengáis	hayáis	venido
vengan	hayan	venido

Pret. imperf.	Pret. pluscuamp.	
viniera	hubiera	
o viniese	o hubiese	venido
vinieras	hubieras	
o vinieses	o hubieses	venido
viniera	hubiera	
o viniese	o hubiese	venido
viniéramos	hubiéramos	
o viniésemos	o hubiésemos	venido
vinierais	hubierais	
o vinieseis	o hubieseis	venido
vinieran	hubieran	
o viniesen	o hubiesen	venido

Fut. imperf.	Fut. perf.	
viniere	hubiere	venido
vinieres	hubieres	venido
viniere	hubiere	venido
viniéremos	hubiéremos	venido
viniereis	hubiereis	venido
vinieren	hubieren	venido

IMPERATIVO

Presente

ven	tú
venga	él
vengamos	nosotros
venid	vosotros
vengan	ellos

FORMAS NO PERSONALES

Infinitivo	Infinitivo comp.	
venir	haber	venido
Gerundio	**Gerundio comp.**	
viniendo	habiendo	venido
Participio		
venido		

Su irregularidad consiste en que aparece
e en los tiempos del 1er. grupo. Esta e
era radical en la forma anticuada *veer*.

ver **42**

INDICATIVO

Presente	Pret. perf. o comp.	
veo	he	visto
ves	has	visto
ve	ha	visto
vemos	hemos	visto
veis	habéis	visto
ven	han	visto

Pret. imperf.	Pret. pluscuamp.	
veía	había	visto
veías	habías	visto
veía	había	visto
veíamos	habíamos	visto
veíais	habíais	visto
veían	habían	visto

Pret. indef.	Pret. anterior	
vi	hube	visto
viste	hubiste	visto
vio	hubo	visto
vimos	hubimos	visto
visteis	hubisteis	visto
vieron	hubieron	visto

Fut. imperf.	Fut. perf.	
veré	habré	visto
verás	habrás	visto
verá	habrá	visto
veremos	habremos	visto
veréis	habréis	visto
verán	habrán	visto

Pot. simple	Pot. perf. o comp.	
vería	habría	visto
verías	habrías	visto
vería	habría	visto
veríamos	habríamos	visto
veríais	habríais	visto
verían	habrían	visto

SUBJUNTIVO

Presente	Pret. perf.	
vea	haya	visto
veas	hayas	visto
vea	haya	visto
veamos	hayamos	visto
veáis	hayáis	visto
vean	hayan	visto

Pret. imperf.	Pret. pluscuamp.	
viera	hubiera	
o viese	o hubiese	visto
vieras	hubieras	
o vieses	o hubieses	visto
viera	hubiera	
o viese	o hubiese	visto
viéramos	hubiéramos	
o viésemos	o hubiésemos	visto
vierais	hubierais	
o vieseis	o hubieseis	visto
vieran	hubieran	
o viesen	o hubiesen	visto

Fut. imperf.	Fut. perf.	
viere	hubiere	visto
vieres	hubieres	visto
viere	hubiere	visto
viéremos	hubiéremos	visto
viereis	hubiereis	visto
vieren	hubieren	visto

IMPERATIVO

Presente	
ve	tú
vea	él
veamos	nosotros
ved	vosotros
vean	ellos

FORMAS NO PERSONALES

Infinitivo	Infinitivo comp.	
ver	haber	visto
Gerundio	**Gerundio comp.**	
viendo	habiendo	visto
Participio		
visto		

Toma una *z* antes de la *c* radical, *yazco*; cambia la *c* en *g*, *yago* y admite *z* antes de *c*, cambiando esta última letra en *g*, *yazgo*.

INDICATIVO

Presente	**Pret. perf. o comp.**	
yazco*	he	yacido
yaces	has	yacido
yace	ha	yacido
yacemos	hemos	yacido
yacéis	habéis	yacido
yacen	han	yacido

Pret. imperf.	**Pret. pluscuamp.**	
yacía	había	yacido
yacías	habías	yacido
yacía	había	yacido
yacíamos	habíamos	yacido
yacíais	habíais	yacido
yacían	habían	yacido

Pret. indef.	**Pret. anterior**	
yací	hube	yacido
yaciste	hubiste	yacido
yació	hubo	yacido
yacimos	hubimos	yacido
yacisteis	hubisteis	yacido
yacieron	hubieron	yacido

Fut. imperf.	**Fut. perf.**	
yaceré	habré	yacido
yacerás	habrás	yacido
yacerá	habrá	yacido
yaceremos	habremos	yacido
yaceréis	habréis	yacido
yacerán	habrán	yacido

Pot. simple	**Pot. perf. o comp.**	
yacería	habría	yacido
yacerías	habrías	yacido
yacería	habría	yacido
yaceríamos	habríamos	yacido
yaceríais	habríais	yacido
yacerían	habrían	yacido

* o yazgo o yago
** o yazga o yaga, yazgas o yagas, etc.

SUBJUNTIVO

Presente	**Pret. perf.**	
yazca**	haya	yacido
yazcas	hayas	yacido
yazca	haya	yacido
yazcamos	hayamos	yacido
yazcáis	hayáis	yacido
yazcan	hayan	yacido

Pret. imperf.	**Pret. pluscuamp.**	
yaciera	hubiera	
o yaciese	o hubiese	yacido
yacieras	hubieras	
o yacieses	o hubieses	yacido
yaciera	hubiera	
o yaciese	o hubiese	yacido
yaciéramos	hubiéramos	
o yaciésemos	o hubiésemos	yacido
yacierais	hubierais	
o yacieseis	o hubieseis	yacido
yacieran	hubieran	
o yaciesen	o hubiesen	yacido

Fut. imperf.	**Fut. perf.**	
yaciere	hubiere	yacido
yacieres	hubieres	yacido
yaciere	hubiere	yacido
yaciéremos	hubiéremos	yacido
yaciereis	hubiereis	yacido
yacieren	hubieren	yacido

IMPERATIVO

Presente

yace *o* yaz	tú
yazca, yazga *o* yaga	él
yazcamos, yazgamos *o* yagamos	nosotros
yaced	vosotros
yazcan, yazgan *o* yagan	ellos

FORMAS NO PERSONALES

Infinitivo	**Infinitivo comp.**	
yacer	haber	yacido
Gerundio	**Gerundio comp.**	
yaciendo	habiendo	yacido
Participio		
yacido		

Verbo defectivo o de conjugación incompleta, porque carece de ciertos tiempos y personas.

abolir **44**

INDICATIVO

Presente	Pret. perf. o comp.	
(no existe)	he	abolido
(no existe)	has	abolido
(no existe)	ha	abolido
abolimos	hemos	abolido
abolís	habéis	abolido
(no existe)	han	abolido

Pret. imperf.	Pret. pluscuamp.	
abolía	había	abolido
abolías	habías	abolido
abolía	había	abolido
abolíamos	habíamos	abolido
abolíais	habíais	abolido
abolían	habían	abolido

Pret. indef.	Pret. anterior	
abolí	hube	abolido
aboliste	hubiste	abolido
abolió	hubo	abolido
abolimos	hubimos	abolido
abolisteis	hubisteis	abolido
abolieron	hubieron	abolido

Fut. imperf.	Fut. perf.	
aboliré	habré	abolido
abolirás	habrás	abolido
abolirá	habrá	abolido
aboliremos	habremos	abolido
aboliréis	habréis	abolido
abolirán	habrán	abolido

Pot. simple	Pot. perf. o comp.	
aboliría	habría	abolido
abolirías	habrías	abolido
aboliría	habría	abolido
aboliríamos	habríamos	abolido
aboliríais	habríais	abolido
abolirían	habrían	abolido

SUBJUNTIVO

Presente	Pret. perf.	
(no existe)	haya	abolido
---	hayas	abolido
---	haya	abolido
---	hayamos	abolido
---	hayáis	abolido
---	hayan	abolido

Pret. imperf.	Pret. pluscuamp.	
aboliera	hubiera	
o aboliese	o hubiese	abolido
abolieras	hubieras	
o abolieses	o hubieses	abolido
aboliera	hubiera	
o aboliese	o hubiese	abolido
aboliéramos	hubiéramos	
o aboliésemos	o hubiésemos	abolido
abolierais	hubierais	
o abolieseis	o hubieseis	abolido
abolieran	hubieran	
o aboliesen	o hubiesen	abolido

Fut. imperf.	Fut. perf.	
aboliere	hubiere	abolido
abolieres	hubieres	abolido
aboliere	hubiere	abolido
aboliéremos	hubiéremos	abolido
aboliereis	hubiereis	abolido
abolieren	hubieren	abolido

IMPERATIVO

Presente

abolid   vosotros

(las demás personas no existen)

FORMAS NO PERSONALES

Infinitivo	Infinitivo comp.	
abolir	haber	abolido

Gerundio	Gerundio comp.	
aboliendo	habiendo	abolido

Participio
abolido

Se usa en todas las personas del presente y pret. imperf. de indic.: *suelo, sueles*, etc.; *solía, solías*, etc.; el pret. indef. *solí* es muy poco usado. El participio *solido* sólo se usa en el pretérito perfecto: *he, has, ha solido*, etc.

INDICATIVO

Presente	Pret. perf. o comp.	
suelo	he	solido
sueles	has	solido
suele	ha	solido
solemos	hemos	solido
soléis	habéis	solido
suelen	han	solido

Pret. imperf.	Pret. pluscuamp.	
solía	había	solido
solías	habías	solido
solía	había	solido
solíamos	habíamos	solido
solíais	habíais	solido
solían	habían	solido

Pret. indef.	Pret. anterior	
solí	hube	solido
soliste	hubiste	solido
solió	hubo	solido
solimos	hubimos	solido
solisteis	hubisteis	solido
solieron	hubieron	solido

Fut. imperf.	Fut. perf.	
soleré	habré	solido
solerás	habrás	solido
solerá	habrá	solido
soleremos	habremos	solido
soleréis	habréis	solido
solerán	habrán	solido

Pot. simple	Pot. perf. o comp.	
solería	habría	solido
solerías	habrías	solido
solería	habría	solido
soleríamos	habríamos	solido
soleríais	habríais	solido
solerían	habrían	solido

SUBJUNTIVO

Presente	Pret. perf.	
suela	haya	solido
suelas	hayas	solido
suela	haya	solido
solamos	hayamos	solido
soláis	hayáis	solido
suelan	hayan	solido

Pret. imperf.	Pret. pluscuamp.	
soliera	hubiera	
o soliese	o hubiese	solido
solieras	hubieras	
o solieses	o hubieses	solido
soliera	hubiera	
o soliese	o hubiese	solido
soliéramos	hubiéramos	
o soliésemos	o hubiésemos	solido
solierais	hubierais	
o solieseis	o hubieseis	solido
solieran	hubieran	
o soliesen	o hubiesen	solido

Fut. imperf.	Fut. perf.	
soliere	hubiere	solido
solieres	hubieres	solido
soliere	hubiere	solido
soliéremos	hubiéremos	solido
soliereis	hubiereis	solido
solieren	hubieren	solido

IMPERATIVO

Presente

suele	tú
suela	él
solamos	nosotros
soled	vosotros
suelan	ellos

FORMAS NO PERSONALES

Infinitivo	Infinitivo comp.	
soler	haber	solido
Gerundio	**Gerundio comp.**	
soliendo	habiendo	solido
Participio		
solido		

Es un verbo aparentemente irregular, porque sufre cambios en su escritura y no en su pronunciación. Se escribe: zurzo, zurza, zurzamos, zurzáis, zurzan. Cambia la c en z cuando a la c sigue o, a.

zurcir 46

INDICATIVO

Presente
zurzo
zurces
zurce
zurcimos
zurcís
zurcen

Pret. perf. o comp.
he	zurcido
has	zurcido
ha	zurcido
hemos	zurcido
habéis	zurcido
han	zurcido

Pret. imperf.
zurcía
zurcías
zurcía
zurcíamos
zurcíais
zurcían

Pret. pluscuamp.
había	zurcido
habías	zurcido
había	zurcido
habíamos	zurcido
habíais	zurcido
habían	zurcido

Pret. indef.
zurcí
zurciste
zurció
zurcimos
zurcisteis
zurcieron

Pret. anterior
hube	zurcido
hubiste	zurcido
hubo	zurcido
hubimos	zurcido
hubisteis	zurcido
hubieron	zurcido

Fut. imperf.
zurciré
zurcirás
zurcirá
zurciremos
zurciréis
zurcirán

Fut. perf.
habré	zurcido
habrás	zurcido
habrá	zurcido
habremos	zurcido
habréis	zurcido
habrán	zurcido

Pot. simple
zurciría
zurcirías
zurciría
zurciríamos
zurciríais
zurcirían

Pot. perf. o comp.
habría	zurcido
habrías	zurcido
habría	zurcido
habríamos	zurcido
habríais	zurcido
habrían	zurcido

SUBJUNTIVO

Presente
zurza
zurzas
zurza
zurzamos
zurzáis
zurzan

Pret. perf.
haya	zurcido
hayas	zurcido
haya	zurcido
hayamos	zurcido
hayáis	zurcido
hayan	zurcido

Pret. imperf.
zurciera
o zurciese
zurcieras
o zurcieses
zurciera
o zurciese
zurciéramos
o zurciésemos
zurcierais
o zurcieseis
zurcieran
o zurciesen

Pret. pluscuamp.
hubiera	
o hubiese	zurcido
hubieras	
o hubieses	zurcido
hubiera	
o hubiese	zurcido
hubiéramos	
o hubiésemos	zurcido
hubierais	
o hubieseis	zurcido
hubieran	
o hubiesen	zurcido

Fut. imperf.
zurciere
zurcieres
zurciere
zurciéremos
zurciereis
zurcieren

Fut. perf.
hubiere	zurcido
hubieres	zurcido
hubiere	zurcido
hubiéremos	zurcido
hubiereis	zurcido
hubieren	zurcido

IMPERATIVO

Presente
zurce	tú
zurza	él
zurzamos	nosotros
zurcid	vosotros
zurzan	ellos

FORMAS NO PERSONALES

Infinitivo
zurcir

Infinitivo comp.
haber zurcido

Gerundio
zurciendo

Gerundio comp.
habiendo zurcido

Participio
zurcido

47 sacar

Es un verbo aparentemente irregular, porque sufre cambios en su ortografía, pero no en su pronunciación.
Cambia la *c* en *q* cuando a la *c* sigue una *e*. Ejs.: saqué, saque, saquemos, saquéis, saquen.

INDICATIVO

Presente	Pret. perf. o comp.	
saco	he	sacado
sacas	has	sacado
saca	ha	sacado
sacamos	hemos	sacado
sacáis	habéis	sacado
sacan	han	sacado

Pret. imperf.	Pret. pluscuamp.	
sacaba	había	sacado
sacabas	habías	sacado
sacaba	había	sacado
sacábamos	habíamos	sacado
sacabais	habíais	sacado
sacaban	habían	sacado

Pret. indef.	Pret. anterior	
saqué	hube	sacado
sacaste	hubiste	sacado
sacó	hubo	sacado
sacamos	hubimos	sacado
sacasteis	hubisteis	sacado
sacaron	hubieron	sacado

Fut. imperf.	Fut. perf.	
sacaré	habré	sacado
sacarás	habrás	sacado
sacará	habrá	sacado
sacaremos	habremos	sacado
sacaréis	habréis	sacado
sacarán	habrán	sacado

Pot. simple	Pot. perf. o comp.	
sacaría	habría	sacado
sacarías	habrías	sacado
sacaría	habría	sacado
sacaríamos	habríamos	sacado
sacaríais	habríais	sacado
sacarían	habrían	sacado

SUBJUNTIVO

Presente	Pret. perf.	
saque	haya	sacado
saques	hayas	sacado
saque	haya	sacado
saquemos	hayamos	sacado
saquéis	hayáis	sacado
saquen	hayan	sacado

Pret. imperf.	Pret. pluscuamp.	
sacara	hubiera	
o sacase	*o hubiese*	sacado
sacaras	hubieras	
o sacases	*o hubieses*	sacado
sacara	hubiera	
o sacase	*o hubiese*	sacado
sacáramos	hubiéramos	
o sacásemos	*o hubiésemos*	sacado
sacarais	hubierais	
o sacaseis	*o hubieseis*	sacado
sacaran	hubieran	
o sacasen	*o hubiesen*	sacado

Fut. imperf.	Fut. perf.	
sacare	hubiere	sacado
sacares	hubieres	sacado
sacare	hubiere	sacado
sacáremos	hubiéremos	sacado
sacareis	hubiereis	sacado
sacaren	hubieren	sacado

IMPERATIVO

Presente	
saca	tú
saque	él
saquemos	nosotros
sacad	vosotros
saquen	ellos

FORMAS NO PERSONALES

Infinitivo	Infinitivo comp.	
sacar	haber	sacado
Gerundio	**Gerundio comp.**	
sacando	habiendo	sacado
Participio		
sacado		

Aparentemente irregular, porque cambia la z en c, cuando le sigue una e.

cazar | **48**

INDICATIVO

Presente	**Pret. perf. o comp.**	
cazo	he	cazado
cazas	has	cazado
caza	ha	cazado
cazamos	hemos	cazado
cazáis	habéis	cazado
cazan	han	cazado

Pret. imperf.	**Pret. pluscuamp.**	
cazaba	había	cazado
cazabas	habías	cazado
cazaba	había	cazado
cazábamos	habíamos	cazado
cazabais	habíais	cazado
cazaban	habían	cazado

Pret. indef.	**Pret. anterior**	
cacé	hube	cazado
cazaste	hubiste	cazado
cazó	hubo	cazado
cazamos	hubimos	cazado
cazasteis	hubisteis	cazado
cazaron	hubieron	cazado

Fut. imperf.	**Fut. perf.**	
cazaré	habré	cazado
cazarás	habrás	cazado
cazará	habrá	cazado
cazaremos	habremos	cazado
cazaréis	habréis	cazado
cazarán	habrán	cazado

Pot. simple	**Pot. perf. o comp.**	
cazaría	habría	cazado
cazarías	habrías	cazado
cazaría	habría	cazado
cazaríamos	habríamos	cazado
cazaríais	habríais	cazado
cazarían	habrían	cazado

SUBJUNTIVO

Presente	**Pret. perf.**	
cace	haya	cazado
caces	hayas	cazado
cace	haya	cazado
cacemos	hayamos	cazado
cacéis	hayáis	cazado
cacen	hayan	cazado

Pret. imperf.	**Pret. pluscuamp.**	
cazara	hubiera	
o cazase	o hubiese	cazado
cazaras	hubieras	
o cazases	o hubieses	cazado
cazara	hubiera	
o cazase	o hubiese	cazado
cazáramos	hubiéramos	
o cazásemos	o hubiésemos	cazado
cazarais	hubierais	
o cazaseis	o hubieseis	cazado
cazaran	hubieran	
o cazasen	o hubiesen	cazado

Fut. imperf.	**Fut. perf.**	
cazare	hubiere	cazado
cazares	hubieres	cazado
cazare	hubiere	cazado
cazáremos	hubiéremos	cazado
cazareis	hubiereis	cazado
cazaren	hubieren	cazado

IMPERATIVO

Presente	
caza	tú
cace	él
cacemos	nosotros
cazad	vosotros
cacen	ellos

FORMAS NO PERSONALES

Infinitivo	**Infinitivo comp.**	
cazar	haber	cazado
Gerundio	**Gerundio comp.**	
cazando	habiendo	cazado
Participio		
cazado		

49 pagar

Aparentemente irregular, porque agrega *u* a la *g* cuando le sigue *e*.

INDICATIVO

Presente / **Pret. perf. o comp.**

Presente	Pret. perf. o comp.	
pago	he	pagado
pagas	has	pagado
paga	ha	pagado
pagamos	hemos	pagado
pagáis	habéis	pagado
pagan	han	pagado

Pret. imperf.	Pret. pluscuamp.	
pagaba	había	pagado
pagabas	habías	pagado
pagaba	había	pagado
pagábamos	habíamos	pagado
pagabais	habíais	pagado
pagaban	habían	pagado

Pret. indef.	Pret. anterior	
pagué	hube	pagado
pagaste	hubiste	pagado
pagó	hubo	pagado
pagamos	hubimos	pagado
pagasteis	hubisteis	pagado
pagaron	hubieron	pagado

Fut. imperf.	Fut. perf.	
pagaré	habré	pagado
pagarás	habrás	pagado
pagará	habrá	pagado
pagaremos	habremos	pagado
pagaréis	habréis	pagado
pagarán	habrán	pagado

Pot. simple	Pot. perf. o comp.	
pagaría	habría	pagado
pagarías	habrías	pagado
pagaría	habría	pagado
pagaríamos	habríamos	pagado
pagaríais	habríais	pagado
pagarían	habrían	pagado

SUBJUNTIVO

Presente	Pret. perf.	
pague	haya	pagado
pagues	hayas	pagado
pague	haya	pagado
paguemos	hayamos	pagado
paguéis	hayáis	pagado
paguen	hayan	pagado

Pret. imperf.	Pret. pluscuamp.	
pagara	hubiera	
o pagase	*o* hubiese	pagado
pagaras	hubieras	
o pagases	*o* hubieses	pagado
pagara	hubiera	
o pagase	*o* hubiese	pagado
pagáramos	hubiéramos	
o pagásemos	*o* hubiésemos	pagado
pagarais	hubierais	
o pagaseis	*o* hubieseis	pagado
pagaran	hubieran	
o pagasen	*o* hubiesen	pagado

Fut. imperf.	Fut. perf.	
pagare	hubiere	pagado
pagares	hubieres	pagado
pagare	hubiere	pagado
pagáremos	hubiéremos	pagado
pagareis	hubiereis	pagado
pagaren	hubieren	pagado

IMPERATIVO

Presente

paga	tú
pague	él
paguemos	nosotros
pagad	vosotros
paguen	ellos

FORMAS NO PERSONALES

Infinitivo	Infinitivo comp.	
pagar	haber	pagado
Gerundio	**Gerundio comp.**	
pagando	habiendo	pagado
Participio		
pagado		

enraizar | 50

INDICATIVO

Presente	Pret. perf. o comp.		
enraízo	he	enraizado
enraízas	has	enraizado
enraíza	ha	enraizado
enraizamos	hemos	enraizado
enraizáis	habéis	enraizado
enraízan	han	enraizado

Pret. imperf.	Pret. pluscuamp.	
enraizaba	había	enraizado
enraizabas	habías	enraizado
enraizaba	había	enraizado
enraizábamos	habíamos	enraizado
enraizabais	habíais	enraizado
enraizaban	habían	enraizado

Pret. indef.	Pret. anterior	
enraicé	hube	enraizado
enraizaste	hubiste	enraizado
enraizó	hubo	enraizado
enraizamos	hubimos	enraizado
enraizasteis	hubisteis	enraizado
enraizaron	hubieron	enraizado

Fut. imperf.	Fut. perf.	
enraizaré	habré	enraizado
enraizarás	habrás	enraizado
enraizará	habrá	enraizado
enraizaremos	habremos	enraizado
enraizaréis	habréis	enraizado
enraizarán	habrán	enraizado

Pot. simple	Pot. perf. o comp.	
enraizaría	habría	enraizado
enraizarías	habrías	enraizado
enraizaría	habría	enraizado
enraizaríamos	habríamos	enraizado
enraizaríais	habríais	enraizado
enraizarían	habrían	enraizado

SUBJUNTIVO

Presente	Pret. perf.		
enraíce	haya	enraizado
enraíces	hayas	enraizado
enraíce	haya	enraizado
enraicemos	hayamos	enraizado
enraicéis	hayáis	enraizado
enraícen	hayan	enraizado

Pret. imperf.	Pret. pluscuamp.	
enraizara	hubiera	
o enraizase	o hubiese	enraizado
enraizaras	hubieras	
o enraizases	o hubieses	enraizado
enraizara	hubiera	
o enraizase	o hubiese	enraizado
enraizáramos	hubiéramos	
o enraizásemos	o hubiésemos	enraizado
enraizarais	hubierais	
o enraizaseis	o hubieseis	enraizado
enraizaran	hubieran	
o enraizasen	o hubiesen	enraizado

Fut. imperf.	Fut. perf.	
enraizare	hubiere	enraizado
enraizares	hubieres	enraizado
enraizare	hubiere	enraizado
enraizáremos	hubiéremos	enraizado
enraizareis	hubiereis	enraizado
enraizaren	hubieren	enraizado

IMPERATIVO

Presente

enraíza	tú
enraíce	él
enraicemos	nosotros
enraizad	vosotros
enraícen	ellos

FORMAS NO PERSONALES

Infinitivo	Infinitivo comp.	
enraizar	haber	enraizado
Gerundio	**Gerundio comp.**	
enraizando	habiendo	enraizado
Participio		
enraizado		

51 proteger

Es aparentemente irregular, porque sufre cambios en su escritura, pero no en su pronunciación. Cambia la g en j cuando a la g sigue o, a. Ejs.: protejo, proteja, protejas, protejamos, protejáis, protejan.

INDICATIVO

Presente / **Pret. perf. o comp.**

protejo	he	protegido
proteges	has	protegido
protege	ha	protegido
protegemos	hemos	protegido
protegéis	habéis	protegido
protegen	han	protegido

Pret. imperf. / **Pret. pluscuamp.**

protegía	había	protegido
protegías	habías	protegido
protegía	había	protegido
protegíamos	habíamos	protegido
protegíais	habíais	protegido
protegían	habían	protegido

Pret. indef. / **Pret. anterior**

protegí	hube	protegido
protegiste	hubiste	protegido
protegió	hubo	protegido
protegimos	hubimos	protegido
protegisteis	hubisteis	protegido
protegieron	hubieron	protegido

Fut. imperf. / **Fut. perf.**

protegeré	habré	protegido
protegerás	habrás	protegido
protegerá	habrá	protegido
protegeremos	habremos	protegido
protegeréis	habréis	protegido
protegerán	habrán	protegido

Pot. simple / **Pot. perf. o comp.**

protegería	habría	protegido
protegerías	habrías	protegido
protegería	habría	protegido
protegeríamos	habríamos	protegido
protegeríais	habríais	protegido
protegerían	habrían	protegido

SUBJUNTIVO

Presente / **Pret. perf.**

proteja	haya	protegido
protejas	hayas	protegido
proteja	haya	protegido
protejamos	hayamos	protegido
protejáis	hayáis	protegido
protejan	hayan	protegido

Pret. imperf. / **Pret. pluscuamp.**

protegiera o protegiese	hubiera o hubiese	protegido
protegieras o protegieses	hubieras o hubieses	protegido
protegiera o protegiese	hubiera o hubiese	protegido
protegiéramos o protegiésemos	hubiéramos o hubiésemos	protegido
protegierais o protegieseis	hubierais o hubieseis	protegido
protegieran o protegiesen	hubieran o hubiesen	protegido

Fut. imperf. / **Fut. perf.**

protegiere	hubiere	protegido
protegieres	hubieres	protegido
protegiere	hubiere	protegido
protegiéremos	hubiéremos	protegido
protegiereis	hubiereis	protegido
protegieren	hubieren	protegido

IMPERATIVO

Presente

protege	tú
proteja	él
protejamos	nosotros
proteged	vosotros
protejan	ellos

FORMAS NO PERSONALES

Infinitivo / **Infinitivo comp**

proteger	haber	protegido

Gerundio / **Gerundio comp.**

protegiendo	habiendo	protegido

Participio

protegido

Verbo pronominal y reflexivo, porque no se puede usar sino con los pronombres *me, te, se, nos, os, se.*

INDICATIVO

Presente	Pret. perf. o comp.	
me quejo	me he	quejado
te quejas	te has	quejado
se queja	se ha	quejado
nos quejamos	nos hemos	quejado
os quejáis	os habéis	quejado
se quejan	se han	quejado

Pret. imperf.	Pret. pluscuamp.	
me quejaba	me había	quejado
te quejabas	te habías	quejado
se quejaba	se había	quejado
nos quejábamos	nos habíamos	quejado
os quejabais	os habíais	quejado
se quejaban	se habían	quejado

Pret. indef.	Pret. anterior	
me quejé	me hube	quejado
te quejaste	te hubiste	quejado
se quejó	se hubo	quejado
nos quejamos	nos hubimos	quejado
os quejasteis	os hubisteis	quejado
se quejaron	se hubieron	quejado

Fut. imperf.	Fut. perf.	
me quejaré	me habré	quejado
te quejarás	te habrás	quejado
se quejará	se habrá	quejado
nos quejare	nos habremos	quejado
os quejaréis	os habréis	quejado
se quejarán	se habrán	quejado

Pot. simple	Pot. perf. o comp.	
me quejaría	me habría	quejado
te quejarías	te habrías	quejado
se quejaría	se habría	quejado
nos quejaría	nos habríamos	quejado
os quejaríais	os habríais	quejado
se quejarían	se habrían	quejado

SUBJUNTIVO

Presente	Pret. perf.	
me queje	me haya	quejado
te quejes	te hayas	quejado
se queje	se haya	quejado
nos quejemos	nos hayamos	quejado
os quejéis	os hayáis	quejado
se quejen	se hayan	quejado

Pret. imperf.	Pret. pluscuamp.	
me quejara	me hubiera	
o quejase	o hubiese	quejado
te quejaras	te hubieras	
o quejases	o hubieses	quejado
se quejara	se hubiera	
o quejase	o hubiese	quejado
nos quejáramos	nos hubiéramos	
o quejásemos	o hubiésemos	quejado
os quejarais	os hubierais	
o quejaseis	o hubieseis	quejado
se quejaran	se hubieran	
o quejasen	o hubiesen	quejado

Fut. imperf.	Fut. perf.	
me quejare	me hubiere	quejado
te quejares	te hubieres	quejado
se quejare	se hubiere	quejado
nos quejáremos	nos hubiéremos	quejado
os quejareis	os hubiereis	quejado
se quejaren	se hubieren	quejado

IMPERATIVO

Presente

quéjate	tú
quéjese	él
quejémonos	nosotros
quejaos	vosotros
quéjense	ellos

FORMAS NO PERSONALES

Infinitivo	Infinitivo comp.	
quejarse	haber	quejado
Gerundio	**Gerundio comp.**	
quejándose	habiendo	quejado
Participio		
quejándose		

En este verbo, en que se juntan dos vocales una abierta (*a - e - o*) y una cerrada (*i - u*) y se carga la voz en la cerrada, debe tildarse.

INDICATIVO

Presente	Pret. perf. o comp.	
actúo	he	actuado
actúas	has	actuado
actúa	ha	actuado
actuamos	hemos	actuado
actuáis	habéis	actuado
actúan	han	actuado

Pret. imperf.	Pret. pluscuamp.	
actuaba	había	actuado
actuabas	habías	actuado
actuaba	había	actuado
actuábamos	habíamos	actuado
actuabais	habíais	actuado
actuaban	habían	actuado

Pret. indef.	Pret. anterior	
actué	hube	actuado
actuaste	hubiste	actuado
actuó	hubo	actuado
actuamos	hubimos	actuado
actuasteis	hubisteis	actuado
actuaron	hubieron	actuado

Fut. imperf.	Fut. perf.	
actuaré	habré	actuado
actuarás	habrás	actuado
actuará	habrá	actuado
actuaremos	habremos	actuado
actuaréis	habréis	actuado
actuarán	habrán	actuado

Pot. simple	Pot. perf. o comp.	
actuaría	habría	actuado
actuarías	habrías	actuado
actuaría	habría	actuado
actuaríamos	habríamos	actuado
actuaríais	habríais	actuado
actuarían	habrían	actuado

SUBJUNTIVO

Presente	Pret. perf.	
actúe	haya	actuado
actúes	hayas	actuado
actúe	haya	actuado
actuemos	hayamos	actuado
actuéis	hayáis	actuado
actúen	hayan	actuado

Pret. imperf.	Pret. pluscuamp.	
actuara	hubiera	
o actuase	o hubiese	actuado
actuaras	hubieras	
o actuases	o hubieses	actuado
actuara	hubiera	
o actuase	o hubiese	actuado
actuáramos	hubiéramos	
o actuásemos	o hubiésemos	actuado
actuarais	hubierais	
o actuaseis	o hubieseis	actuado
actuaran	hubieran	
o actuasen	o hubiesen	actuado

Fut. imperf.	Fut. perf.	
actuare	hubiere	actuado
actuares	hubieres	actuado
actuare	hubiere	actuado
actuáremos	hubiéremos	actuado
actuareis	hubiereis	actuado
actuaren	hubieren	actuado

IMPERATIVO

Presente	
actúa	tú
actúe	él
actuemos	nosotros
actuad	vosotros
actúen	ellos

FORMAS NO PERSONALES

Infinitivo	Infinitivo comp.	
actuar	haber	actuado
Gerundio	**Gerundio comp.**	
actuando	habiendo	actuado
Participio		
actuado		

Verbo unipersonal, porque sólo se conjuga en la 3ª persona del singular. No lleva sujeto gramatical. Lo mismo ocurre con todos los verbos que denotan cambios atmosféricos.

INDICATIVO

Presente	Pret. perf. o comp.	
-	-	-
-	-	-
llueve	ha	llovido
-	-	-
-	-	-
-	-	-

Pret. imperf.	Pret. pluscuamp.	
-	-	-
-	-	-
llovía	había	llovido
-	-	-
-	-	-
-	-	-

Pret. indef.	Pret. anterior	
-	-	-
-	-	-
llovió	hubo	llovido
-	-	-
-	-	-
-	-	-

Fut. imperf.	Fut. perf.	
-	-	-
-	-	-
lloverá	habrá	llovido
-	-	-
-	-	-
-	-	-

Pot. simple	Pot. perf. o comp.	
-	-	-
-	-	-
llovería	habría	llovido
-	-	-
-	-	-
-	-	-

SUBJUNTIVO

Presente	Pret. perf.	
-	-	-
-	-	-
llueva	haya	llovido
-	-	-
-	-	-
-	-	-

Pret. imperf.	Pret. pluscuamp.	
-	-	
-	-	-
-	-	-
-	-	-
lloviera	hubiera	
lloviese	o hubiese	llovido
-	-	-
-	-	
-	-	
-	-	-
-	-	
-	-	-

Fut. imperf.	Fut. perf.	
-	-	-
-	-	-
lloviere	hubiere	llovido
-	-	-
-	-	-
-	-	-

IMPERATIVO

Presente

-
llueva
-
-
-

FORMAS NO PERSONALES

Infinitivo	Infinitivo comp.	
llover	haber	llovido
Gerundio	**Gerundio comp.**	
lloviendo	habiendo	llovido
Participio		
llovido		

índice
alfabético de los verbos

Abreviaturas usadas:

Apar. irreg.	Aparentemente irregular	*partic. irreg.*	participio irregular
defec.	defectivo	*recip.*	recíproco
dos partic.	dos participios	*reflex.*	reflexivo
irreg.	irregular	*unip.*	unipersonal

a

203

b

C

ch

d

240

g

h

i

II

m

n

ñ

o

p

q

r

S

u

v

Indice

Esta obra se terminó de imprimir en el mes de junio de 1996,
en los talleres gráficos de Printer Colombiana S.A.
Calle 64 No. 88A-30
Santafé de Bogotá, D.C. - Colombia